分県登山ガイド 30

鳥取県の山

藤原道弘 著

山と溪谷社

分県登山ガイド――30

鳥取県の山

目次

◉大山周辺

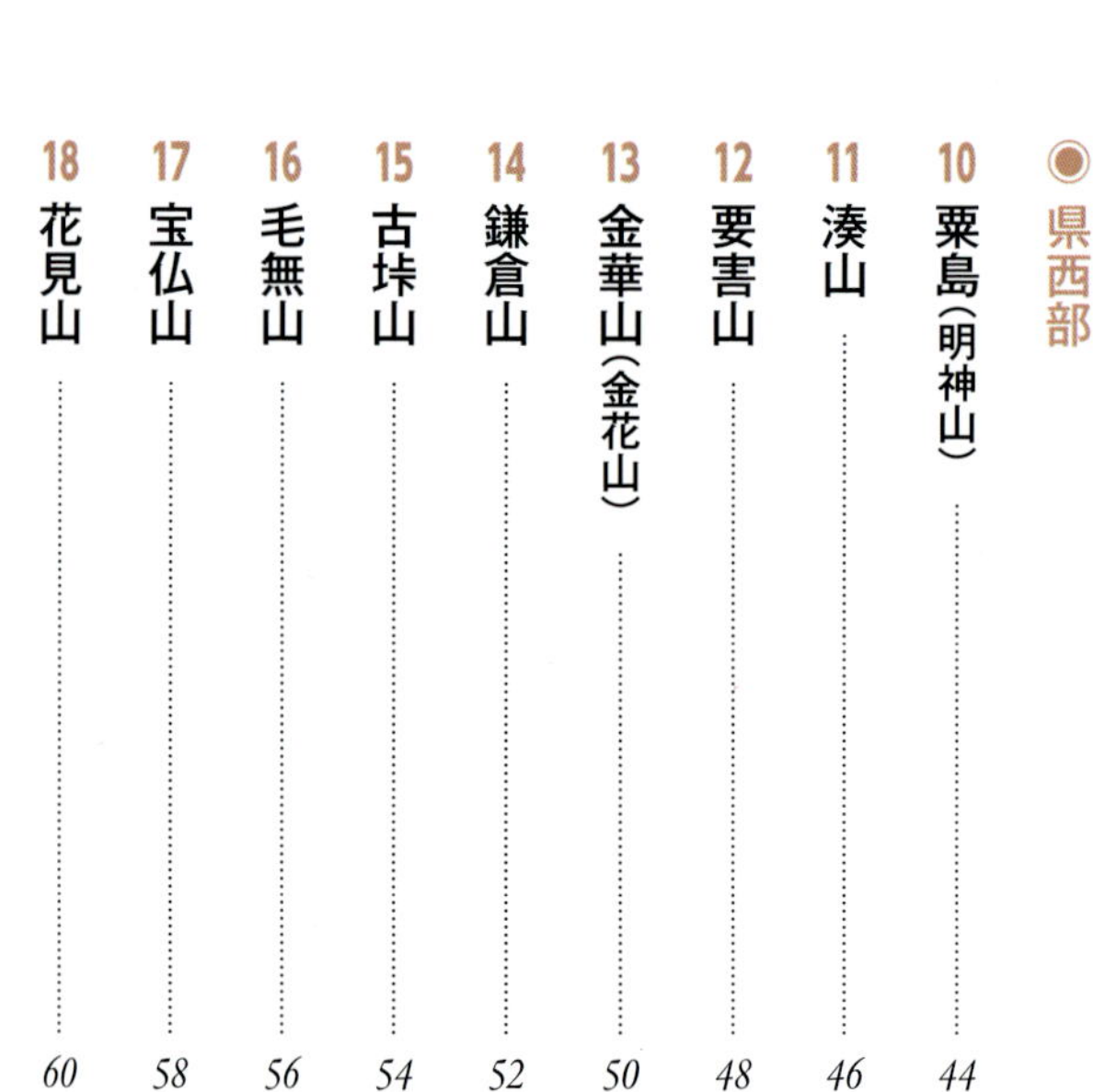

◉県西部

●本文地図主要凡例●

紹介するメインコース。

本文か脚注で紹介しているサブコース。一部、地図内でのみ紹介するコースもあります。

Start Goal Start Goal 225m 出発点／終着点／出発点・終着点の標高数値。

管理人在中の山小屋もしくは宿泊施設。

紹介するコースのコースタイムのポイントとなる山頂。

コースタイムのポイント。

管理人不在の山小屋もしくは避難小屋。

日本海
21 馬ノ山
22 羽衣石山
23 打吹山
25 三徳山
26 小鹿渓
27 若杉山
28 鷲峰山
29 摩尼山
30 本陣山
31 稲葉山
32 久松山
33 浦富海岸
34 二上山
35 三角山
36 洗足山
37 芦津渓
38 那岐山
39 蒲生峠
40 扇ノ山
41 42 氷ノ山
43 鶴尾山
鳥取県
兵庫県
鳥取市
湯梨浜町
倉吉市
三朝町
岩美町
八頭町
若桜町
智頭町
新温泉町
香美町
養父市
西粟倉村
奈義町
鏡野町
津山市
勝央町
美作市
佐用町
美咲町
宍粟市
道の駅「はわい」
道の駅「燕趙園」
道の駅「三朝楽市楽座」
道の駅「神話の里白うさぎ」
道の駅「きなんせ岩美」
道の駅「清流茶屋かわはら」
道の駅「はっとう」
道の駅「若桜」
はわい温泉
東郷温泉
三朝温泉
浜坂温泉
鳥取砂丘
鳥取砂丘コナン空港
長尾鼻
湖山池
東郷池
天神川
青谷羽合道路
鳥取IC
鳥取南IC
河原IC
用瀬IC
智頭IC
智頭南IC
院庄IC
津山IC
美作IC
作東IC
佐用IC
佐用JCT
山崎IC
鳥取自動車道
中国自動車道
若桜鉄道
因美線
智頭急行
姫新線
山陰本線
津山線
人形峠
戸倉峠
あおや
はまむら
まつざき
くらよし
ひがしはま
いわみ
ふくべ
とっとり
こおげ
もちがせ
いなばやしろ
ちづ
なぎ
わかさ
はまさか
あまるべ
豊岡へ
かすみ
福知山へ
みまさかかも
おおはら
つやま
かつまだ
はやしの
かめのこう
こうづき
さよ
上郡へ
姫路へ
岡山へ

鳥取県の山 全図

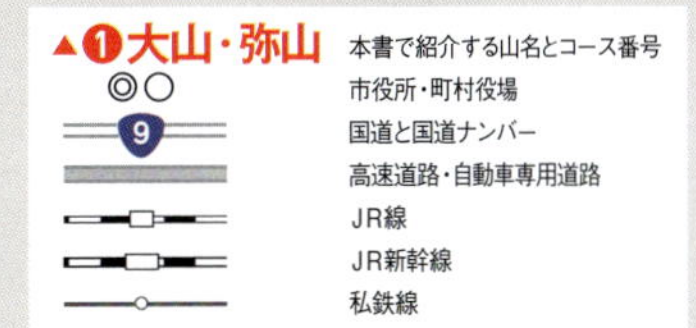

1 大山・弥山 本書で紹介する山名とコース番号
市役所・町村役場
9 国道と国道ナンバー
高速道路・自動車専用道路
JR線
JR新幹線
私鉄線

N
1:500,000
0
15km

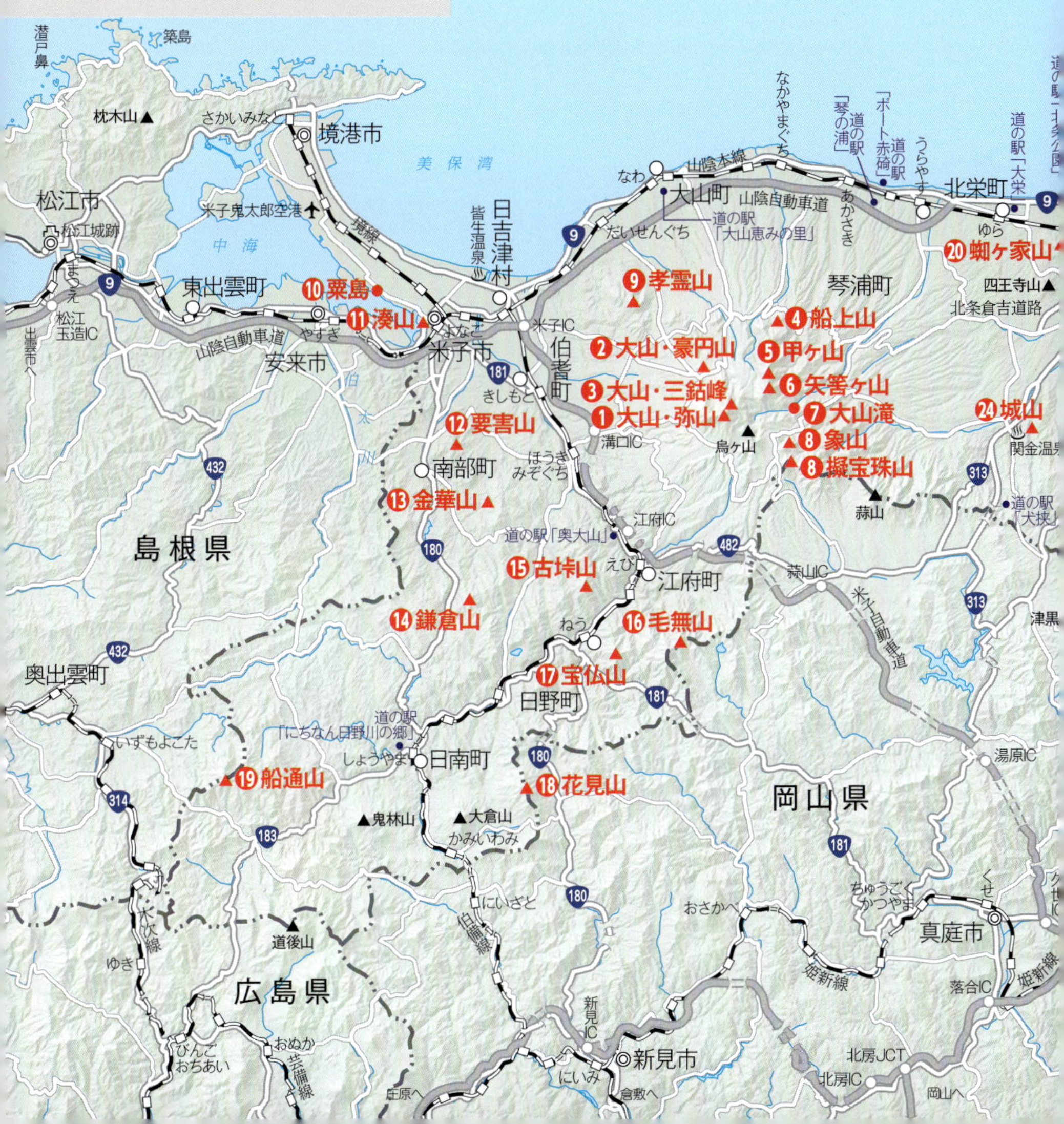

1 大山・弥山
2 大山・豪円山
3 大山・三鈷峰
4 船上山
5 甲ヶ山
6 矢筈ヶ山
7 大山滝
8 象山
8 擬宝珠山
9 孝霊山
10 粟島
11 湊山
12 要害山
13 金華山
14 鎌倉山
15 古峠山
16 毛無山
17 宝仏山
18 花見山
19 船通山
20 蜘ヶ家山
24 城山
潜戸鼻
築島
枕木山
さかいみなと
境港市
美保湾
松江市
松江城跡
米子鬼太郎空港
中海
境線
皆生温泉
日吉津村
東出雲町
安来市
やすぎ
米子市
米子IC
伯耆町
きしもと
山陰自動車道
松江玉造IC
南部町
ほうきみぞぐち
溝口IC
烏ヶ山
なわ
大山町
山陰本線
だいせんぐち
道の駅「大山恵みの里」
琴浦町
なかやまぐち
あかさき
道の駅「琴の浦」
道の駅「ポート赤碕」
うらやす
北栄町
道の駅「大栄」
ゆら
四王寺山
北条倉吉道路
関金温泉
蒜山
道の駅「犬挟」
島根県
江府IC
道の駅「奥大山」
江府町
えび
ねう
蒜山IC
米子自動車道
津黒
奥出雲町
日野町
道の駅「にちなん日野川の郷」
しょうやま
日南町
いずもよこた
鬼林山
大倉山
かみいわみ
岡山県
湯原IC
にいざと
伯備線
おさかべ
ちゅうごくかつやま
真庭市
道後山
木次線
ゆき
広島県
姫新線
落合IC
新見IC
新見市
にいみ
びんごおちあい
おぬか
芸備線
庄原へ
倉敷へ
北房JCT
北房IC
岡山へ
出雲市へ

概説 鳥取県の山

藤原道弘

鳥取県は中国地方の北東部に位置し、東西約120キロ、南北約20〜50キロと、東西に細長い県である。北は日本海に面し、南は中国山脈を配している。県の総面積は35万平方キロ、そのうち森林は26万平方キロ（74パーセント）を占める。

県面積の3分の2が山地であることからも、山とのかかわりが深い地方であるといえる。江戸時代、県東部の因幡地方では、原料となるミツマタやコウゾを産し、豊富な水資源とあいまって、和紙製造がさかんであった。

江戸時代後期になると、智頭宿を中心に千代川では杉の筏流しがさかんに行われ、若杉峠から芦津渓にかけて、沖ノ山国有林を中心とした杉の生産が有名である。

一方、県中西部の伯耆地方では、江戸時代から明治初頭にかけて、日野川流域を中心に「たたら製鉄」がさかんであった。宝仏山や古垰山が位置する日野地方では、カンナ流しによる砂鉄の採取がさかんに行われてきた。八金、金屋谷、金山など、たたらに関する地名も数多い。

他方、登山史の面からみると、古くから信仰とのかかわりが顕著である。県内では、中世にはじまる大山信仰がその代表だろう。大山の登山史をひもとくと、天保3（1832）年、浜田藩の国学者、岡部春平ら4名が大山寺から弥山に登頂（新暦7月25日）、明治時代に入り、明治39（1906）年頃には学校登山がさかんとなる。大山の冬山記録の古いものでは、明治43（1910）年頃のものがある。

昭和に入ると、昭和5（1930）年、小出博ら3名による一ノ沢登攀。翌年5月25日、池田滋、馬場正義の2名による北壁（元谷沢）登攀。昭和23（1948）年11月23日、港叶、岡田充克の2名による北壁大屏風岩初登攀がある。

●山域の特徴

●大山周辺 大山、三鈷峰、船上山、矢筈ヶ山など、県を代表する山がそろう。日本百名山の大山は浸食の激しい山として知られるが、山頂付近の自然保護活動も活発で、草地の復元が可能となった。また、矢筈ヶ山は大山国有林の中心で、ブナの自然林が豊か。

●県西部の山 花見山や船通山、毛無山や宝仏山などが主だった山。西部地域では一般的に風化や浸食の進んだ段丘地形が多く、小説家・井上靖が日野の地形を「天体の植民地」と詠ったのは、地形的特徴をよく表している。花見山や船通山などの麓で、その段丘地形が見てとれる。昔は霊場だった毛無山は、岡山県との県境でもあるが、近年コースが開かれ、鳥取県側からも登山が可能になった。

●県中部の山 三徳山、打吹山、若杉山などがある。倉吉市街に近い打吹山は、スダジイやタブノキなどの照葉樹が残る貴重な山で、三徳山は古来から山岳信仰の霊場として知られている。近年では健

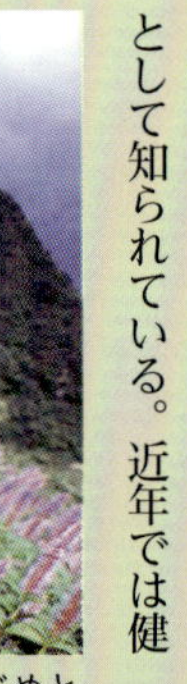
大山・三鈷峰付近のお花畑。クガイソウをはじめとする色とりどりの草花は、登山者を魅了する

鳥取県、そして中国地方最高峰（1729メートル）の大山。「伯耆富士」の名にふさわしい美しい姿を見せる。平安時代の開山で、今年（平成30年）には開山1300年を迎えた

康登山のひとつとして身近な里山や林道ウォークもさかんである。蜘ヶ家山や山中に古墳がある馬ノ山などは、そんな山のひとつだ。

●県東部の山　県東部の山々では、兵庫県や岡山県との県境に名山が多い。なかでも、氷ノ山（日本二百名山）、扇ノ山、那岐山（ともに日本三百名山）、蒲生峠などは、東部山系を代表する山である。渓谷歩きでは、沖ノ山国有林に位置し、渓谷美と同時に杉やブナの自然林が見られる芦津渓がある。

近年、新たに歩ける山として、洗足山がある。これらの山系は、花崗岩質の山肌を有し、日本海へと続く。海岸歩きでは、山陰海岸ジオパークの一部として浦富海岸遊歩道がある。

●山の四季

春―県内の山々は、県境に位置する高山帯と、中間山地から海岸部にいたる低山帯（里山を含む）とに大別できる。春の訪れは、3月中旬頃に里山ではじまる。桜よりひと足早く、コブシの花が咲きはじめるのはこの頃である。

3月中旬～4月に入ると、里山ではスミレの類がいっせいに開花する。里山などでの低山帯では、3月に入ると雪解けも終わり、快適な山歩きが可能となる。

4月に入ると、久松山、打吹山、湊山など県内主要都市の市街地にある桜の名所で

根雨宿から見た宝仏山。懐深い里山が魅力。中腹にはアベマキの森が広がる

山頂に山城跡を有する山も数多い（米子・湊山）

氷ノ山・氷ノ越コースの晩秋のブナ

は、花見登山が楽しめる。

春は駆け足で県境の山々にも訪れる。那岐山では4月中旬にイワウチワが、5月上旬にシャクナゲがそれぞれ咲き誇る。同じ頃、毛無山や船通山などではカタクリ散策を楽しむ登山者も多い。

県下最高峰の大山では、5月中・下旬頃が春のさかりとなる。ダイセンミツバツツジ、サンカヨウ、ダイセンキスミレなど、春の花々がいっせいに花を付ける。県内の山々では、5月下旬頃が年間を通じて最も快適な登山の季節となる。

夏―6月に入ると、初夏を迎える。緑は刻々と濃さを増し、里山ではハルゼミが鳴き、夏を感じさせる。この頃、鷲峰山（じゅぼうざん）ではササユリやヤマツツジが登山者をなごませてくれる。

7月に入ると梅雨空の日が多くなる。稜線に出ると、よく霧雨に出会うのはこの頃である。

7月下旬、梅雨明けとともに夏山の季節が訪れる。大山では、クガイソウやフウロソウ、シモツケソウなど夏の花がいっせいに咲く。弥山山頂や三鈷峰のあたりで、お花畑が満喫できる。

分岐では道標をよく確認し、進行方向を誤らないようにしたい

秋―大山では、10月中旬になると稜線で紅葉がはじまる。10月下旬頃から大山山系以外の山々でも紅葉がはじまる。高山帯の秋は11月上旬で終わるが、入れ替わるように里山や渓谷では紅葉の見ごろを迎える。

冬―12月上旬になると、県内の高山帯からは雪の便りが多くなる。大山や氷ノ山では積雪も見られるが、本格的な冬山は年末から。低山帯では、12月いっぱい積雪を見ることは少ない。

1月中旬以降になると、里山も雪景色の季節を迎える。市街地に

登山口へはマイカーでの移動が中心。林道などでは運転に充分注意したい

隣接する里山では、積雪はあっても根雪になることはなく、雪解けの合間を見はからいながらの登山が可能である。

冬ともいえども、行動中に汗ばむことは当然である。衣服や肌着は慎重に選びたい。アクシデントも想定されるので、危険予知やリスクマネージメントなど、危険回避の手法を登山でも充分に活用してもらいたい。これは他の季節でもいえることである。

岩と砂浜、日本海のすばらしい景観が楽しめる浦富海岸（城原コース）

本書の使い方

■日程　鳥取市、米子市など鳥取県内の各都市を起点に、アクセスを含めて、初・中級クラスの登山者が無理なく歩ける日程としています。

■歩行時間　登山の初心者が無理なく歩ける時間を想定しています。ただし休憩時間は含みません。

■歩行距離　2万5000分ノ１地形図から算出したおおよその距離を紹介しています。

■累積標高差　2万5000分ノ１地形図から算出したおおよその数値を紹介しています。は登りの総和、は下りの総和です。

■技術度　5段階で技術度・危険度を示しています。は登山の初心者向きのコースで、比較的安全に歩けるコース。は中級以上の登山経験が必要で、一部に岩場やすべりやすい場所があるものの、滑落や落石、転落の危険度は低いコース。は読図力があり、岩場を登る基本技術を身につけた中～上級者向きで、ハシゴやクサリ場など困難な岩場の通過があり、転落や滑落、落石の危険度があるコース。は登山に充分な経験があり、岩場や雪渓を安定して通過できる能力がある熟達者向き、危険度の高いクサリ場や道の不明瞭なやぶがあるコース。は登山全般に高い技術と経験が必要で、岩場や急な雪渓など、緊張を強いられる危険箇所が長く続き、滑落や転落の危険が極めて高いコースを示します。『鳥取県の山』の場合、が最高ランクになります。

■体力度　登山の消費エネルギー量を数値化することによって安全登山を提起する鹿屋体育大学・山本正嘉教授の研究成果をもとにランク付けしています。ランクは、①歩行時間、②歩行距離、③登りの累積標高差、④下りの累積標高差に一定の数値をかけ、その総和を求める「コース定数」に基づいて、10段階で示しています。が1、が2となります。通常、日帰りコースは「コース定数」が40以内で、～（1～3ランク）。激しい急坂や危険度の高いハシゴ場やクサリ場などがあるコースは、これに～（1～2ランク）をプラスしています。また、山中泊するコースの場合は、「コース定数」が40以上となり、泊数に応じて～もしくはそれ以上がプラスされます。『鳥取県の山』の場合、が最高ランクになります。

紹介した「コース定数」は登山に必要なエネルギー量や水分補給量を算出することができるので、疲労の防止や熱中症予防に役立てることもできます。体力の消耗を防ぐには、下記の計算式で算出したエネルギー消費量（脱水量）の70～80㌫程度を補給するとよいでしょう。なお、夏など、暑い時期には脱水量はもう少し大きくなります。

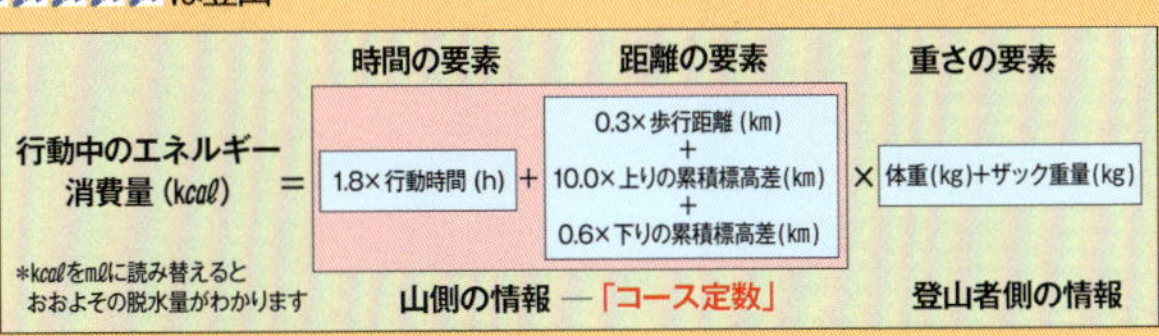

鳥取県の山で見られる花

鳥取県の山は、中国地方の最高峰である大山のように標高が１５００メートルを超える山から、その10分の１にも満たない標高の小山まで幅広く、花の種類もバラエティに富む。ここでは、山道で見られる花のいくつかを紹介する。

黄色

ダイセンオトギリ 7月 大山

ヤマキケマン 4月 古却山

ダイセンキスミレ 5月 大山

ダイセンオダマキ 5月 大山

フキノトウ 4月 大山

ツワブキ 9月 浦富海岸

赤色

イワカガミ 5月 大山

シコクフウロ 7月 大山

タムラソウ 6月 船上山

ホタルブクロ 7月 船上山

ナデシコ 8月 大山・鏡ヶ成

シモツケソウ 7月 大山

コオニユリ 7月 大山

イワウチワ　4月　那岐山

アカネスミレ　4月　洗足山

エンレイソウ　4月　大山

アケボノスミレ　4月　孝霊山

オキナグサ　5月　大山

カタクリ　4月　船通山

紫・褐色

スミレサイシン　4月　洗足山

タツナミソウ
6月　船上山

ウツボグサ　6月　船上山

オオバギボシ　7月　大山

クガイソウ　7月　大山

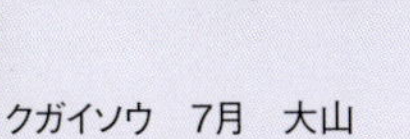

イワタバコ　8月　三徳山

マツムシソウ　10月
若杉山（蝶はキチョウ）

9月
大山・鏡ヶ成

リンドウ　10月　若杉山

イチリンソウ　4月　船通山

ヒゴスミレ　4月　孝霊山

クルマバソウ
5月　大山

ミヤマカタバミ　4月　大山

ヤマシャクヤク　4月　船通山

ジュウニヒトエ　4月　洗足山

サンカヨウ　5月　大山

キクザキイチリンソウ　5月　大山

大山お花畑　7月

オカトラノオ　6月　船上山

ササユリ　6月　鷲峰山

ダイモンジソウ　7月　大山

キュウシュウコゴメグサ　7月　大山

シシウド　7月　大山

ダイセンヒョウタンボク
4月　大山

アセビ
4月　鶴尾山

ヤブツバキ
4月　久松山

オオカメノキ
5月　毛無山

シャクナゲ
5月　那岐山

タムシバ
5月　氷ノ山

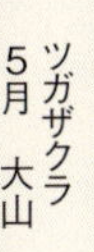
ツガザクラ
5月　大山

ダイセンミツバツツジ　5月　大山

ツリガネツツジ
5月　那岐山

樹木

ミツバツツジ
5月　三角山

ミツマタ
5月　那岐山

コアジサイ
7月　大休峠

タニウツギ
6月　扇ノ山

ヤマアジサイ
6月　船上山

ネムノキ
6月　船上山

ダイセンキャラボク（実）
10月　大山

01

ブナ林からキャラボクを抜けて天空のパラダイスへ

大山① 弥山

だいせん みせん
1709m

日帰り

コース① 歩行時間＝4時間45分 歩行距離＝6・8㎞
コース② 歩行時間＝6時間5分 歩行距離＝7・5㎞

技術度 体力度

コース定数＝① 21 ② 24

標高差＝① 953m ② 953m

累積標高差 ① 976m 976m ② 979m 979m

元谷から見る北壁は四季折々に変化し、絶景をつくりあげる。北壁写真の一級ポイントだ

大山町に位置する大山は、数万年前の火山で形成された独立峰。日本百名山かつ中国地方の最高峰でもあり、豊かな自然を求めて県内外から多くの登山者が訪れる。開山は平安時代の養老2（718）年・金蓮上人とされる。地蔵菩薩を本尊とし、天台宗・大山寺として一大霊場をなし、回峰行の弥山禅定などが歴史に残る。

コース①夏山登山道

大山寺バス停から車道を進み、大山寺橋を渡って県道158号を下山キャンプ場方向に進むと、県道脇に大山**夏山登山道入口**がある。道標もあり、わかりやすい。

苔むした石段を上がっていくと、阿弥陀堂の建つ地点に着く。阿弥陀堂から先は地道の登山道に変わり、ブナ林の中を登っていくと、

■鉄道・バス
往路・復路＝JR山陰本線・境線米子駅、またはJR山陰本線大山口駅から日本交通バス大山寺行きで終点下車。4月28日～11月4日の土・日曜・祝日を中心に、米子駅～大山寺・豪円山方面に「大山る～ぷバス」も運行している（日本交通バス、日ノ丸自動車バス運行）。

■マイカー
山陰道米子東ICから県道53・24号を南下し、大山寺へ。または山陰道大山ICから県道158号を南下し、大山寺へ。大山寺駐車場（無料）を利用する。

■登山適期
5月～12月上旬。野草の花期は7月下旬～8月上旬。紅葉は10月下旬～11月上旬。

■アドバイス
▽夏山登山道、行者谷コースともに水場はないので、水や食料は目的に合わせて事前に準備する。
▽山頂周辺における夏の野草（クガイソウ、ギボシ、ダイセンオトギリ）開花最盛期は、7月中旬～8月上旬。お盆をすぎると夏は終わり、山は秋に向かう。
▽夏山の午後は雷雨になることもある。簡易雨具を用意しておく。
▽安全登山のためには、必ず登山届を出しておくこと（登山届ポストは大山寺バス停周辺の各所にある。ま

夏山登山道九合目付近は自然保護のための木道が敷かれている。すれ違いの際は注意

大神山神社奥宮に向かう石畳（行者谷コース）

大山が由来のダイセンミツバツツジ（花期5月中旬〜6月上旬）

一合目に着く。登山道沿いには一合目から九合目までの合目表示がその都度立っているので、登山の目安になる。

随所に横木渡しの階段道が続く。足場の確保にはよいが、歩幅を合わせるのに苦労する。四合目まで来ると、ブナの大木も見られる。ジグザグの急登を登りきると五合目に着く。山ノ神（やまのかみ）様の祠もある場所だ。

五合目をすぎると、ブナの森林限界を越えて灌木帯に変わる。五合目の上手に行者谷（ぎょうじゃだに）コースとの**分岐**がある。この分岐をすぎて灌木帯の急坂を登ると、**六合目の避難小屋**に着く。六合目から先は、傾斜も一段と増す。

八合目のガレ場をすぎると、木道の敷かれた登山道に出る。途中に広がる、ダイセンキャラボク帯（国の特別天然記念物・8ヘクタール）の中を登っていけば、大山（**弥山**（みせん））山頂にたどり着く。

山頂は草付きの片斜面で、最先端部に山頂三角点（1709・4メートル）があるが立入禁止となっている。山頂斜面の下手には、大山頂上避難小屋（無人）が建っている。独立峰だけに展望も大変よく、360度のパノラマが満喫できる。

なお、弥山から先は最高点の剣ケ峰（けんがみね）（1729メートル）に向かう狭い尾根筋が東西に続くが、崩壊により

＊コース図は18・19ページを参照。

荘厳な雰囲気の大山寺山門（行者谷コース）

た、鳥取県警のホームページでも提出できる）。携帯電話の電池切れにも注意。

■問合せ先

大山町観光課☎0859・53・3110、大山町観光案内所☎0859・52・2502、日本交通米子営業所（バス）☎0859・33・9116、日ノ丸自動車米子支店（バス）☎0859・32・2121

■2万5000分ノ1地形図

伯耆大山

山麓の大山町坊領（ぼうりょう）から見た大山北壁

山頂風景。天候の関係でのんびり休憩できる日は比較的少ない

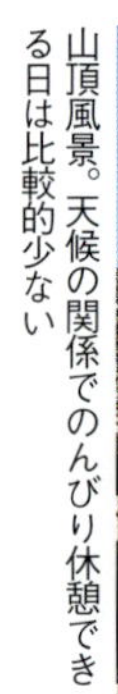

山頂付近のダイセンキャラボク帯と登山者風景

弥山から先は通行禁止となっている。

下山は往路を戻るが、六合目先の**分岐**から元谷経由（コース②「行者谷コース」を参照）で**大山寺バス停**に戻ることもできる。

コース②行者谷コース

大山寺バス停から登山基地となる大山寺へ。参道を上がり、大神山神社奥宮脇から道標にしたがい行者谷コースに入る。**宝珠越分岐**を経て、杉やブナの林間を進む。やや起伏のある林間道を登りきると、**元谷**に着く。

元谷から北壁を見ながら河原を渡り、ブナ林に続く急傾斜のコースを進んでいく。このコースは、木組みの階段道が設置されており、思いのほか歩きやすい。

ブナの自然林をジグザグに登りきると、やがて道標の立つ夏山登山道との**分岐**に着く。この分岐から、夏山登山道を大山（**弥山**）山頂までたどる（コース①「夏山登山道」を参照）。

CHECK POINT

コース①

1

大山寺バス停近くにある大山ナショナルパークセンター。コインシャワーや休憩室(無料)などが気軽に使用できて便利

2

大山寺橋を渡ると、大山夏山登山口の案内標柱が立っている。近くには下山キャンプ場や駐車場がある

3

夏山登山道は随所で横木渡しの階段道が続く。土石浸食防止も兼ねているのでつくりは頑丈だが、段差もある

4

夏山登山道五合目にある「山ノ神様」の祠。地蔵信仰のひとつと思われる。登山者の安全を見守るかのようだ

5

夏山登山道六合目にある避難小屋。かなりの年代物だが、緊急時に役立つ小さな避難所。近年、携帯トイレの使用スペースが用意された

6

夏山登山道八合目付近のガレ場。登るも下るも落石注意の場所だ

7

夏山登山道から見た北壁の雄姿。大山は北壁と南壁を有する。北壁は、荒々しく男性的とされる。北向きだが、比較的緑も多い

8

山頂から、大山最高点で中国地方最高峰の剣ヶ峰(1729㍍)を望む。大山絶景のひとつで、四季折々の景観は、登山者を魅了する

コース②

9

大山寺バス停近くにある観光案内所。大山登山や宿泊、ガイドはもとより県内の観光情報が入手できて便利

10

大神山神社奥宮から杉木立を上がると、元谷・弥山方面と、下宝珠越への分岐がある。杉木立からブナの林間道を元谷へ向かう

11

ブナ林の急斜面には、木組みの階段道が設置されている。ブナの林相を楽しみながら、できるだけスローペースで登るのがコツ

12

夏山登山道との合流点。道標がありわかりやすい。ここからは夏山登山道をたどって山頂を目指す

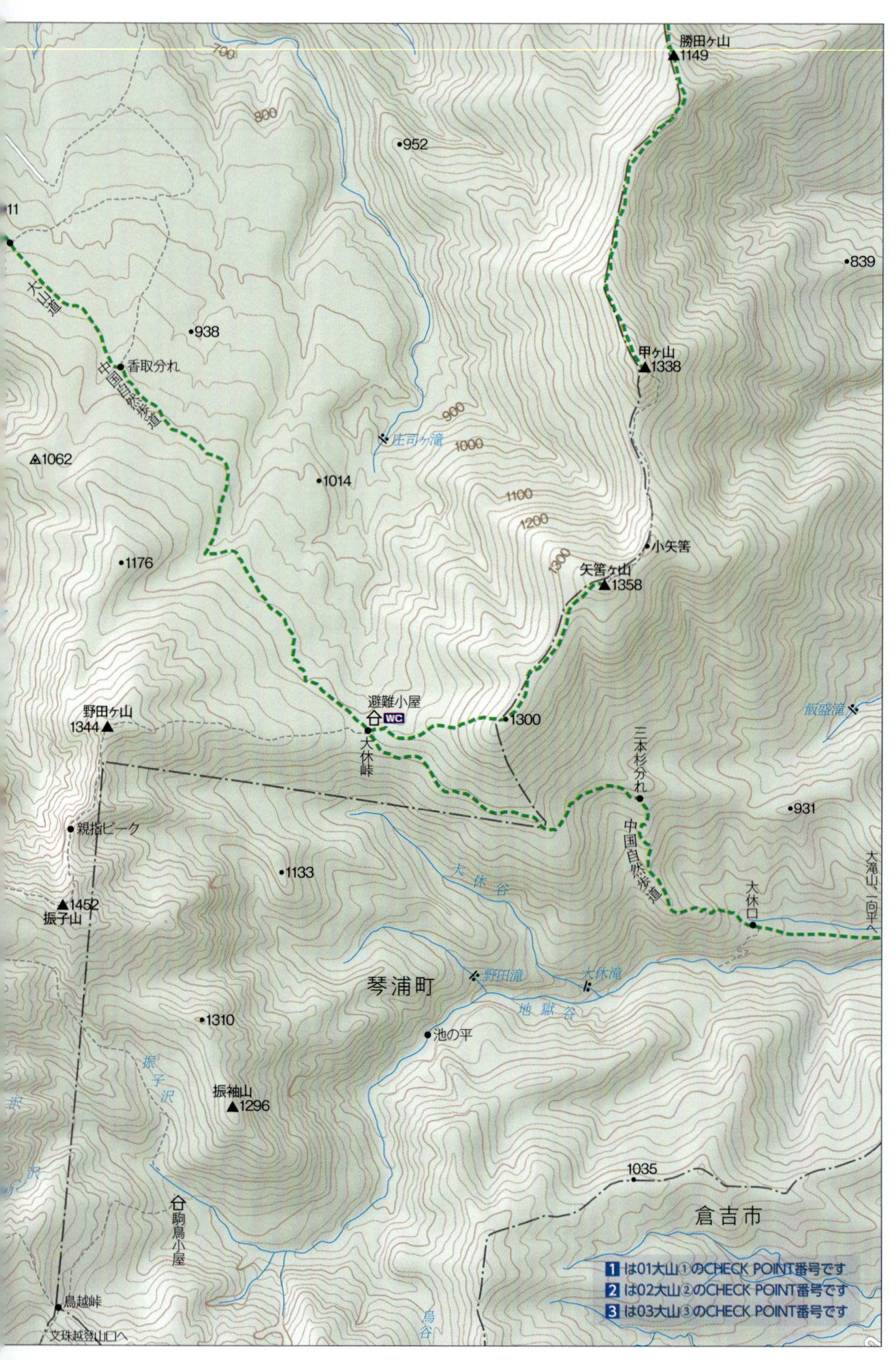
勝田ヶ山
1149
952
839
大山道
938
香取分れ
中国自然歩道
1062
庄司ヶ滝
1014
甲ヶ山
1338
小矢筈
矢筈ヶ山
1358
1176
避難小屋
WC
大休峠
1300
野田ヶ山
1344
飯盛滝
三本杉分れ
931
親指ピーク
1133
大休谷
大滝山、一向平へ
大休口
1452
振子山
琴浦町
野田滝
大休滝
地獄谷
1310
池の平
振子沢
振袖山
1296
1035
倉吉市
駒鳥小屋
鳥越峠
文珠越登山口へ
烏谷
1 は01大山①のCHECK POINT番号です
2 は02大山②のCHECK POINT番号です
3 は03大山③のCHECK POINT番号です

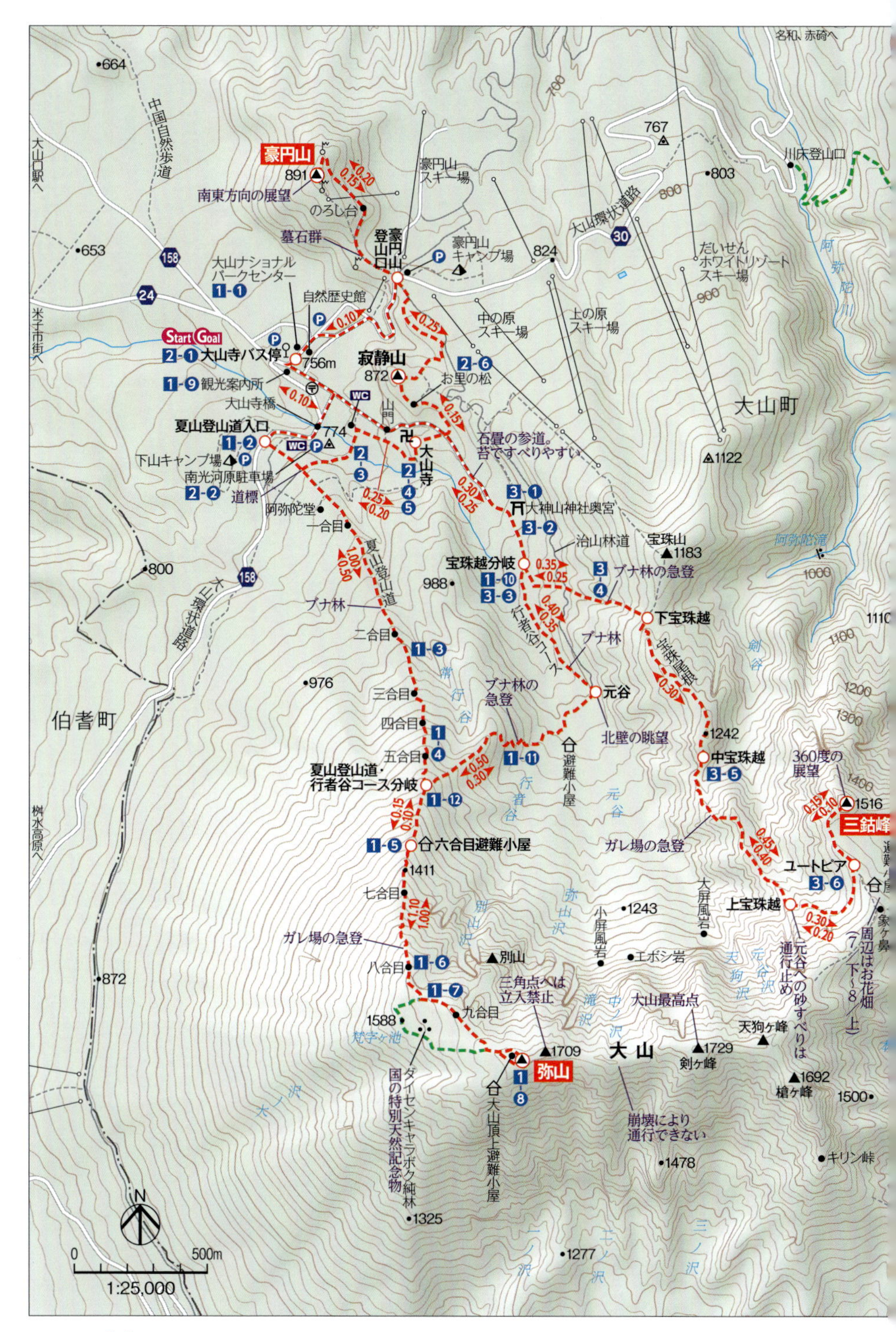

豪円山
891
南東方向の展望
のろし台
墓石群
登山口
豪円山
豪円山スキー場
豪円山キャンプ場
824
大山ナショナルパークセンター
1-1
自然歴史館
Start Goal
2-1 大山寺バス停
756m
寂静山
872
お里の松
2-6
中の原スキー場
上の原スキー場
1-9 観光案内所
大山寺橋
夏山登山道入口
1-2
774
山門
大山寺
下山キャンプ場
南光河原駐車場
2-2
道標
阿弥陀堂
一合目
石畳の参道。苔ですべりやすい
3-1
大神山神社奥宮
3-2
治山林道
宝珠山
1183
宝珠越分岐
1-10
3-3
3-4 ブナ林の急登
下宝珠越
宝珠尾根
夏山登山道
ブナ林
988
二合目
1-3
行者谷コース
ブナ林
元谷
三合目
四合目
ブナ林の急登
北壁の眺望
1242
1-4
五合目
1-11
避難小屋
中宝珠越
3-5
夏山登山道・行者谷コース分岐
1-12
360度の展望
1516
三鈷峰
1-5
六合目避難小屋
ガレ場の急登
ユートピア
3-6
1411
七合目
上宝珠越
大屏風岩
小屏風岩
1243
エボシ岩
元谷への砂すべりは通行止め
周辺はお花畑（7下～8上）
ガレ場の急登
八合目
1-6
別山
1-7
九合目
三角点へは立入禁止
大山最高点
1588
梵字ヶ池
1709
大山
1729
剣ヶ峰
天狗ヶ峰
弥山
1-8
1692
槍ヶ峰
1500
ダイセンキャラボク純林
国の特別天然記念物
大山頂上避難小屋
崩壊により通行できない
1478
キリン峠
1325
1277
大山町
伯耆町
大山環状道路
中国自然歩道
大山口駅へ
米子市街へ
桝水高原へ
名和、赤碕へ
川床登山口
だいせんホワイトリゾートスキー場
767
803
1122
664
653
800
976
872
阿弥陀川
阿弥陀滝
剣谷
行者谷
元谷
別山沢
弥山沢
天狗沢
元谷沢
滝沢
中ノ沢
一ノ沢
二ノ沢
三ノ沢
大ノ沢
象ヶ鼻
0
500m
1:25,000
N

02
博労座から大山寺の名所・史跡を訪ねる歴史の散歩道

大山②豪円山

だいせん　ごうえんざん
891m

日帰り
歩行時間＝2時間
歩行距離＝7・5km

技術度
体力度

コース定数＝10	
標高差＝137m	
累積標高差	↗293m ↘293m

大山町にある豪円山は、大山寺の裏山的存在で、四季折々の景色を見せる。大山寺から眺めると、丸味を帯びたおむすび山のようにも見えて親しまれている。昔は呼滝山ともよばれていたが、のちに大山寺の全盛期（江戸時代前期・17世紀）に活躍した豪円僧正の名をとって、豪円山とよばれるようになった。

ここでは、大山寺から寂静山経由で豪円山をめぐる、僧兵コースを紹介しよう。

僧兵コースへは、**大山寺バス停**から車道をたどって大山寺橋を渡り、県道158号脇にある**夏山登山道の入口**へ。夏山登山道に入って石段をしばらく上がると、「小鳥の小路」と書かれた道標のある地点に着く。この道標の地点から、道なりに南光河原に向かう。南光河原を渡ってブナ林の小道を登りきると、朱塗りの**大山寺**本堂（天台宗

豪円山登山口からの豪円山。冬期はスキー場としてにぎわう

豪円山登山道・のろし台から見た秋の大山

僧兵コース登山道。ブナ林の小道散歩が楽しめる

■鉄道・バス
往路・復路＝JR山陰本線・境線米子駅、またはJR山陰本線大山口駅から日本交通バス大山寺行きで終点

大山寺の僧侶が祀られた墓石群。豪円僧正は戦国時代から江戸初期に活躍した大山寺の僧侶（淀江町生まれ）。徳川家康から受けた朱印状の話は有名

別格本山大山寺）に着く。

　大山寺本堂をあとにして、寂静山に向かう。大神山神社奥宮への参道を横切り、横木渡しの階段道を登りきると、「お里の松」とよばれる展望所に着く。三鈷峰から大山の北壁にかけて一望でき、一服するのにちょうどよい。展望所からブナ林の小道を行くと、**寂静山**の山頂に着く。

　寂静山をあとにブナの散策路を下ると、県道30号（大山環状道路）との合流点に着く。この県道脇に**豪円山登山口**がある。

　豪円山登山口からは、豪円山スキー場の管理道を進む。管理道脇の豪円の供養塔を見ながら舗装道を登っていくと、やがて**豪円山**の山頂にたどり着く。

　山頂は、平らな草地の地形で、中央に豪円地蔵が立っている。展望は南東に開けており、中の原スキー場や北壁が一望できる。

　帰りは、元の**豪円山登山口**まで戻り、県道30号を道なりに下ると、スタート地点でもある**大山寺バス停**に戻ってくる。

下車。4月28日～11月4日の土・日曜・祝日を中心に、米子駅～大山寺・豪円山方面に「大山る～ぷバス」も運行している（日本交通バス、日ノ丸自動車バス運行）。

■マイカー
山陰道米子東ICから県道53・24号を南下し、大山寺へ。または山陰道大山ICから県道158号を南下し、大山寺へ。大山寺駐車場（無料）を利用する。

■登山適期
4月中旬～11月下旬。険しさもなく四季折々の散策が楽しめる。

■アドバイス
▽豪円僧正は大山にある天台宗西楽院の僧で、江戸時代初期（慶長年間）、徳川幕府に寺領の返還を求めたことで知られる。以来、西楽院は大山の本坊として、豪円の名は幕末まで受け継がれてきた。豪円山の中腹にある歴代の墓は、世代墓ともよばれているが、豪円歴代の供養塔とされる。

■問合せ先
大山町観光課☎0859・53・3110、大山町観光案内所☎0859・52・2502、日本交通米子営業所（バス）☎0859・33・9116、日ノ丸自動車米子支店（バス）☎0859・32・2121

■2万5000分ノ1地形図
伯耆大山

＊コース図は18・19ページを参照。

大山寺から見た豪円山。大山寺の僧侶・豪円の名が付けられた山で知られる。
さりげなく見えるが、四季の変化はすばらしく、時に絶景を見る

CHECK POINT

1 起点となる大山寺バス停。環境省管轄の情報センターの大山ナショナルパークセンターに隣接する

2 大山橋に隣接する南光河原駐車場。夏の期間は無料（冬期有料）で、水洗トイレも完備されている

3 大山寺裏手に位置する南光河原で見る紅葉。大山絶景ポイントのひとつ

4 大山寺は天台宗の寺で大山信仰の中心をなす。お寺の名前だが、参道の商店街も大山寺という地名である

5 大山寺の紅葉を代表する、あざやかなクロモジ（クスノキ科・落葉低木）の黄葉

6 お里の松は、若い僧侶と漁師の娘・お里との恋愛伝説の地として知られる。ここで見る大山の景色は逸品

03

起伏に富んだ尾根道コースは大山寺から

大山③ 三鈷峰

だいせん さんこほう

1516m

日帰り

歩行時間＝5時間35分
歩行距離＝7・8㎞

技術度 ■■□□□

体力度 ■■□□□

コース定数＝22	
標高差＝760m	
累積標高差	↗923m ↘923m

三鈷峰の秋。絶景ポイントを求めて訪れるカメラマンも多い

大山町にある三鈷峰は、大山火山で形成された尾根筋の東方先端部に位置する円錐形の山。山名は、仏教の法具でもある金剛杵（独鈷、三鈷、五鈷）のひとつ、三鈷の形に似ることに由来する。変化に富んだ尾根歩きと頂からの展望を目指し、訪れる登山者も多い。

大山寺バス停から大山寺を経て、大神山神社奥宮脇にある行者登山口へ。行者谷コースを示す道標が目印だ。

道標にしたがい登山道を歩いていくと、途中に下宝珠越の道標が見える。このY字路（**宝珠越分岐**）から道標にしたがい、下宝珠越方向へと登っていく。治山林道を横切り、谷筋にのびるブナ林の急斜面を登りきると**下宝珠越**に着く。

下宝珠越からは、宝珠尾根の登りにさしかかる。ブナ林の中、起伏のある尾根道は**中宝珠越**へと続く。中宝珠越をすぎると、足場の悪い岩石帯や大岩混じりの難所が続く。これらの地点では、足場を確保しながら、慎重に通過していくこと。起伏のある灌木帯の尾根道を登りきると、北壁が間近に迫る**上宝珠越**に着く。

上宝珠越から先は、ナナカマドやダイセンキャラボクなどの灌木

ユートピアから見た三鈷峰（右）

登山者が積み上げたケルンがある三鈷峰山頂

＊コース図は18・19ページを参照。

帯を、斜面を横切るように登っていく。これを登りきると、尾根上の**ユートピア**に着く。ユートピアは三鈷峰とユートピア避難小屋との分岐点で、間近に三鈷峰が見える。ここでは三鈷峰を目指して、左手の尾根道を進む。

灌木帯の尾根を登り、さらに足場の悪い岩の露出したガレ場を慎重に通過すると、**三鈷峰**の山頂にたどり着く。

円形の狭いテーブルのような地形をなす頂には、中央に山頂を示す道標が立ち、その脇に数個のケルンが並んでいる。見晴らしは大変よく、日本海や甲ヶ山(かぶとがせん)から大休峠(おおやすみ)などのパノラマが満喫できる。

下山は往路を戻る。

■**鉄道・バス**
往路・復路＝JR山陰本線・境線米子駅、またはJR山陰本線大山口駅から日本交通バス大山寺行きで終点下車。4月28日～11月4日の土・日曜・祝日を中心に、米子駅～大山寺・豪円山方面に「大山る～ぷバス」も運行している（日本交通バス、日ノ丸自動車バス運行）。

■**マイカー**
山陰道米子東ICから県道53・24号を南下し、大山寺へ。または山陰道大山ICから県道158号を南下し、大山寺へ。大山寺駐車場（無料）を利用する。

■**登山適期**
5月中旬～11月下旬。野草は7月下旬～8月上旬、紅葉は10月中旬～下旬まで楽しめる。

■**アドバイス**
▽上宝珠越から元谷に下るコース（通称・砂すべり）は、沢筋の崩落のため閉鎖されている。
▽宝珠尾根コースは、岩場など足もとのすべりやすい箇所が多い。足場を確保しながら慎重に登っていく。下りは、より慎重に行動すること。両手は開けて、三点確保で登降する。手袋（登山用グローブ）があるとよいだろう。
▽ユートピアから右に進んだところにあるユートピア避難小屋（無人・収容8人）は、緊急避難所や休憩所として利用できる。ただし、水場はない。

■**問合せ先**
大山町観光課☎0859・53・3110、大山町観光案内所☎0859・52・2502、日本交通米子営業所（バス）☎0859・33・9116、日ノ丸自動車米子支店（バス）☎0859・32・2121

■**2万5000分ノ1地形図**
伯耆大山

宝珠尾根からの三鈷峰。荒々しい姿が印象に残る

秋の中宝珠越。ブナの紅葉が逆光に映える

三鈷峰から見た大山北壁

CHECK POINT

1 大神山神社奥宮。本殿は、麓の米子市尾高（おだか）地内に鎮座する

2 大神山神社の裏手にある、三鈷峰登山道の道標

3 大神山神社から杉林を上がると、道標がある宝珠越分岐に出る

4 下宝珠越に向かう登山道。ブナの張り根をよじ登る

5 宝珠尾根のほぼ中間に中宝珠越の道標がある。この先も尾根道をたどる

6 稜線上のユートピア。三鈷峰（左のピーク）へは左に進む

04

船上山

断崖の景観とかつての古戦場を訪ねる自然と歴史散策

せんじょうさん
615m（三角点）

日帰り

コース①　歩行時間＝2時間33分　歩行距離＝4.5km
コース②　歩行時間＝1時間50分　歩行距離＝3.2km
コース③　歩行時間＝2時間24分　歩行距離＝4.2km

技術度・体力度（コース①②③）

コース定数＝①**11** ②**8** ③**9**

標高差＝①422m ②302m ③266m

累積標高差
①↗446m ↘446m
②↗359m ↘359m
③↗354m ↘354m

↑山頂近くにある千丈のぞきから見た船上山の景観。断崖絶壁の景色は圧巻だが、岩場は狭く数人が立てる程度。混雑する場合は譲り合いも必要。ロッククライマーの人気ゲレンデでもある

←コース最高点となる船上神社。西に進むと奥宮がある。ブナの大木も多く、早朝には、キツツキのドラミングが響くこともある

琴浦町に位置する船上山は、大山火山の噴火でできた外輪山の一部とされる山だ。山名は、山容が船底に似ることに由来する。今から約650年前の南北朝時代のはじめ、後醍醐天皇方の名和長年と、室町幕府方の佐々木清高との戦いがあった古戦場でもある。

コース①船上山東坂コース

登山口は、**少年自然の家**の駐車場脇にあり、大きな鳥居があるので目印になる。まずは、茶園原とよばれる草付きの斜面を登る。登りきったところで、県道34号と合流する。県道の上手に道標が設置された**東坂登山口**がある。

登山道に入り、赤土の斜面を登っていくと、**横手道との分岐**に着く。ここでは、分岐をやりすごし

■**鉄道・バス**
コース①・③往路・復路＝JR山陰本線赤碕駅から琴浦町営バスで少年自然の家へ。
コース②往路・復路＝JR山陰本線赤碕駅からタクシーで西坂登山口へ。またはコース①の少年自然の家から徒歩約1時間30分で西坂登山口へ。

■**マイカー**
山陰道琴浦船上山ICから県道289号に入り南下。道なりに船上山少年自然の家まで行く。もしくは、県道34号を船上山ダム経由で東坂登山口まで行く。駐車は、少年自然の家の駐車場を借り受ける。コース②の西坂登山口には駐車場がないため、東坂登山口近くの駐車場に車を停めて西坂登山口まで歩く（約30分）。

■**登山適期**
4月下旬から12月上旬。毎年4月下旬から5月上旬にかけて、船上山祭りが開かれる。

■**アドバイス**
▽雄滝へは苔むした岩場の道で、スリップに注意して歩く（コース③）。
▽**森林軌道跡**　船上山の西斜面から甲川上流にかけてのびていた森林運搬路。初期（昭和13年頃）は、木炭の運搬路としてつくられた。昭和20年代に入り、総延長約8キロの軌道が設置され、材木運搬軌道として昭和30年頃まで活躍した。手押しトロッコからはじまり、のちにディーゼル

西坂コースのシンボル的巨木だ
登山者を魅了する「おおけやき」。

千丈滝のひとつ・雄滝。滝の水量は季節変化が大きく、4〜6月は比較的多い

て直進する。随所に苔むした石段も残り、往時をしのびながら林間を登っていくと**薄が原**（すすきがはら）に着く。ここは船上山の山頂部にあたり、行宮（あんぐう）ノ碑や休憩舎が建っている。

薄が原をあとにして、船上神社に向かう。寺坊跡や五輪塔群を見ながら登っていくと、やがてブナ林の中の**船上神社**にたどり着く。お社の奥に奥宮（奥の院）が鎮座し、10分弱で行ける。

帰りは往路を引き返す。

コース②船上山西坂コース

西坂登山口（にしさか）は、少年自然の家から県道34号を西方向に1キロほど進んだ場所にある。近くに駐車場はないので、東坂登山口近くの駐車場か、もしくは少年自然の家を起点として西坂登山口まで歩く。登山口は道標が目印となる。樹林帯の中を登っていくと、や

車が用いられた。
▽県立船上山少年自然の家（☎0858・55・7111）は、青少年の健全な育成を目的とした宿泊・研修施設。収容人数200人。大人・子ども問わず5名以上なら利用可。

■問合せ先
琴浦町赤碕分庁舎☎0858・55・0111、琴浦町観光協会☎0858・55・7811、琴浦町営バス☎0858・55・7801（琴浦町商工観光課）、日本交通琴浦営業所（タクシー）☎0858・22・7111

■2万5000分ノ1地形図
船上山

CHECK POINT
コース①

1
茶園原から一面ススキに覆われた草斜面を、東坂登山口を目指して登る

林道脇に立つ東坂登山口の道標。ここから赤土の山道へ

3
東坂登山口からは赤土混じりの急登が続く。下りは慎重に足場を選ぼう

山頂脇に建つトイレ付きの船上山休憩舎。冬期間は閉鎖される

5
千丈のぞきの切れ落ちた岩場。山頂分岐から往復約15分

＊コース図は29ジペーを参照。

観光スポットでもある山麓の船上山ダムから船上山を望む。草の斜面と屏風岩の断崖の対照的な姿に目を奪われる

がて**森林軌道跡**とよばれる場所に着く。軌道跡をやりすごして、林間の道を進む。ブナやナラなどの林間を登っていけば、やがて**船上神社**にたどり着く。

帰りは往路を戻るか、コース①の東坂コースを下る。

コース③船上山の滝めぐり

少年自然の家から**横手道分岐**までは、東坂コースをたどる（コース①参照）。

横手道分岐から山頂ルートを見ながら、船上山の断崖脇に続く横手道をたどると、やがて**雌滝**に着く。シャワー状に落ちる滝を見ながらガレ場の道を登りきると、ほどなく**雄滝**に着く。雄滝は断崖をいっきに流れ落ちる勇壮な滝で、水しぶきが絶えない。これらふたつの滝は、通称、千丈滝（落差60～100メートル）とよばれている。

帰りは往路を引き返す。

CHECK POINT

コース②

6 西坂コース途中にあるかつての木材運搬路だった森林軌道跡。船上山から甲ヶ山にかけ軌道が敷かれた時代もあったらしい

7 軌道跡をすぎると、大岩混じりのガレた道がしばらく続く。下山時は、足もとに注意しながら慎重に下ろう

コース③

8 千丈滝への登山道。溶岩の断崖は屏風岩ともよばれる。南北朝時代は古戦場にもなった場所で、天然の要塞でもあった

9 ベールのように岩を伝い落ちる雌滝。10分ほど進むと勇壮な雄滝がある

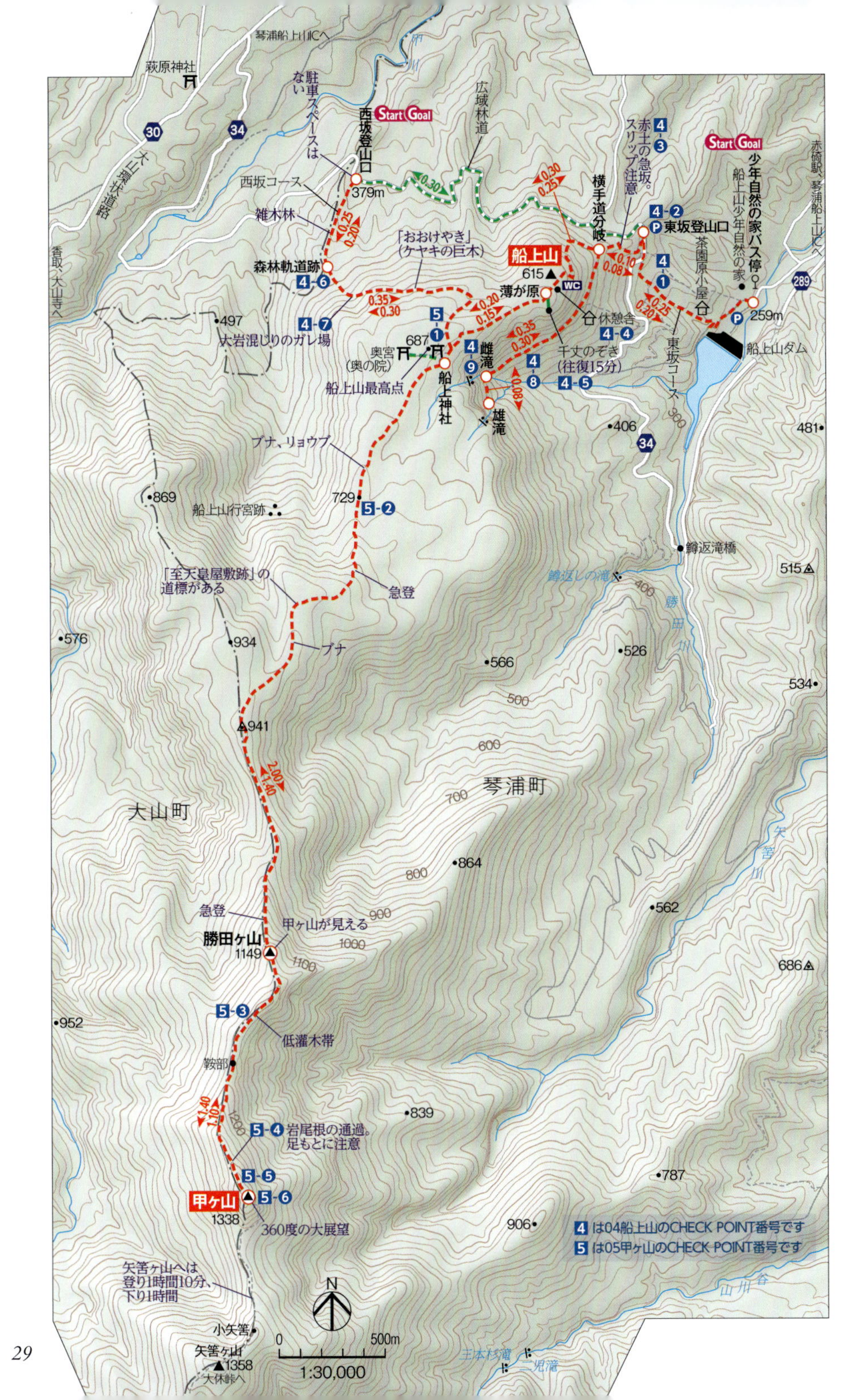

琴浦船上山ICへ
萩原神社
西坂登山口
379m
駐車スペースはない
広域林道
Start Goal
赤土の急坂。スリップ注意
少年自然の家バス停
船上山少年自然の家
赤碕駅、琴浦船上山ICへ
西坂コース
雑木林
大山環状道路
「おおけやき」(ケヤキの巨木)
横手道分岐
東坂登山口
茶園原小屋
船上山
615
薄ケ原
森林軌道跡
香取、大山寺へ
休憩舎
259m
船上山ダム
497
大岩混じりのガレ場
687
奥宮(奥の院)
船上山最高点
船上神社
雌滝
雄滝
千丈のぞき(往復15分)
東坂コース
406
481
ブナ、リョウブ
869
船上山行宮跡
729
鍔返滝橋
鍔返しの滝
「至天皇屋敷跡」の道標がある
急登
515
576
934
ブナ
勝田川
566
526
534
941
大山町
琴浦町
864
矢筈川
急登
甲ヶ山が見える
勝田ヶ山
1149
562
686
952
低灌木帯
鞍部
839
岩尾根の通過。足もとに注意
787
甲ヶ山
1338
360度の大展望
906
4 は04船上山のCHECK POINT番号です
5 は05甲ヶ山のCHECK POINT番号です
矢筈ヶ山へは登り1時間10分、下り1時間
小矢筈
矢筈ヶ山
1358
大休峠へ
山川谷
三本杉滝
二児滝
1:30,000
500m

05

かつての古戦場からブナ林を訪ね歩くロングコース

甲ヶ山

かぶとがせん
1338m

日帰り

歩行時間＝9時間3分
歩行距離＝13・4km

技術度 ■■□□□
体力度 ■■□□□

コース定数＝**34**
標高差＝1079m
累積標高差 ↗1216m ↘1216m

琴浦町にある甲ヶ山は、前述の船上山同様に大山火山の外輪山の一部で、その尾根筋は大休峠を経て矢筈ヶ山、甲ヶ山、船上山と続く。山名は、山容が甲に似ていることに由来する。船上山を経て甲ヶ山に通じる登山道を、地元では「琴浦アルプス」ともよび、訪れる登山者も多い。

登山は船上山と同じく、**少年自然の家**を起点とする（**船上神社**までのコースは、26ページ「船上山・コース①」を参照）。

甲ヶ山の登山口は、**船上神社**脇にある。大山登山道の道標があり、わかりやすい。船上神社からはブナの自然林の中にのびる、なだらかな登りがしばらく続く。

ブナやリョウブ、ミズナラやヤマボウシ等の林立する樹林帯の中をどんどん標高を上げていくと、やがて傾斜のある登りに変わる。

ブナやミズナラの大木を見ながらしばらく登っていくと、やがて「至天皇屋敷跡」と書かれた道標のある地点に着く。ここで左方向に進路を変え、ほぼ直進して登っていくと、やがて尾根道に変わる。この尾根道の急登を登り終えると**勝田ヶ山**に着くが、とくに山頂といえるようなピークではない。イヌツゲやアセビなどの灌木に覆わ

船上山〜勝田ヶ山間はブナの大木も多く、キツツキ（アカゲラ）のドラミングも聞こえる

ダイセンミツバツツジ。花期は5月上〜中旬

■鉄道・バス
往路・復路＝JR山陰本線赤碕駅から琴浦町営バスで少年自然の家へ。

■マイカー
山陰道琴浦船上山ICから県道289号に入り、道なりに南下して船上山少年自然の家まで行く。駐車は、少年自然の家の駐車場を借り受ける。

■登山適期
4月下旬から11月下旬。ブナの新緑は5月上旬から。紅葉は11月上旬にかけて。

■アドバイス
▽本コースは歩行時間の長いロングコースだけに、日没時間を考慮しながらの行動が必要だ。また途中に水場はなく、水の確保は余裕をもたせること。
▽山頂直下の岩尾根を渡る際は、滑落防止のため、ストックはしまって両手を開け、三点確保の体勢をつくること。不安を感じたら、無理に渡ろうとしない心構えも必要。

■問合せ先
琴浦町赤碕分庁舎☎0858・55・0111、琴浦町観光協会☎0858・55・7811、鳥取県立船上山少年自然の家☎0858・55・7111、琴浦町営バス☎0858・55・7801（琴浦町商工観光課）

■2万5000分ノ1地形図
船上山・伯耆大山

↑アセビやイヌツゲなどの低灌木に覆われた勝田ヶ山から甲ヶ山を望む（右奥は大山）

れた平地のような尾根から、目指す甲ヶ山が見える。見晴らしのよい尾根道で一服するのもよい。

勝田ヶ山から灌木帯の斜面を下り、狭い鞍部から甲ヶ山の尾根筋を目指して登っていく。高度が上がるにつれて、視界も開けてくる。尾根道を登りつめると、コース最大の難所となる、岩場の尾根にさしかかる。大きなコンクリートブロックを無造作に並べたような岩尾根で、狭い岩尾根の両端は深く切れ落ちた断崖をなす。

狭い岩石の上から、ルートを探す。足場を確保しながら、慎重に岩場をたどる。50㍍ほどの岩場を数回アップダウンしていくと、やがて**甲ヶ山**山頂にたどり着く。山頂は狭い尾根状になっており、周囲は切れ落ちた断崖である。展望台のような山頂からは、360度のパノラマが広がる。大山をはじめ、矢筈ヶ山や一向平、はては日本海まで見わたせる。風さえなければ、別天地のような場所である。

山頂からは往路を引き返すが、とくに山頂直下の岩場は慎重に渡りたい。

甲ヶ山山頂は人が数人立てる程度の狭い平地。周囲は切れ落ちているので、多人数では譲り合いも必要

CHECK POINT

1 船上神社脇の道標。大山縦走路入口と記されている。この場所から甲ヶ山登山がはじまる

2 登山道脇に立つ道標。山深い山中で見る道標は、登山者を勇気づけてくれる

3 尾根からは、目指す甲ヶ山の尖った山頂が望まれる

4 コース最大の難所・岩場の尾根。通称「ゴジラの背」ともよばれる巨岩が連なる

5 山頂近くの岩場に咲くイワカガミ。ピンクの小さな花は登山者をなごませる

6 甲ヶ山山頂。甲ヶ山は大山火山の外輪山に位置づけられ、岩質は類似点が多い

*コース図は29ページを参照。

06

矢筈ヶ山

やはずがせん
1358m

かつての大山道からパノラマを求めて一向平と川床から

日帰り

コース① 歩行時間＝6時間50分　歩行距離＝11・7km
コース② 歩行時間＝5時間55分　歩行距離＝9・5km

技術度
技術度
体力度
体力度

コース定数＝① 28 ② 22
標高差＝① 830m ② 772m
累積標高差 ① ↗1146m ↘1146m
② ↗784m ↘784m

琴浦町三本杉地内からの矢筈ヶ山（中央）と甲ヶ山（右）。左奥は大山方面

琴浦町と大山町の町境に位置する矢筈ヶ山は、大山火山でできた外輪山の一部とされる。山名は、麓の琴浦町三本杉地内から見ると、弓矢の矢筈に似ることに由来する。また、大小ふたつのピークで形成されており、高い方を大矢筈、低いほうを小矢筈とよぶ。頂からの展望もよいことから、県内でも登山者に人気のある山のひとつとなっている。

コース① 一向平コース

登山口は、**一向平キャンプ場**にある。キャンプ場から道なりに大山滝コースをたどり、**大山滝展望台**へ（キャンプ場～大山滝展望台間は36ページ「大山滝」参照）。

大山滝をあとにして、ブナの林間道を登ると、やがて**大休口**の分岐点に着く。道標にしたがい大休

■鉄道・バス
コース①往路・復路＝JR山陰本線浦安駅からタクシー（要予約）で一向平キャンプ場へ。
コース②往路・復路＝JR山陰本線・境線米子駅からタクシーで川床登山口へ。大山寺バス停（米子駅発・日本交通バス、日ノ丸自動車バス運行）から川床登山口へは3・6キロ・徒歩約50分。

■マイカー
コース①＝山陰道琴浦東ICから県道44号を南下。琴浦町の野井倉地内をすぎると、一向平・大山滝を示す道標がある。道標にしたがい林道を進んで一向平キャンプ場へ。キャンプ場の駐車場（無料）を利用する。
コース②＝山陰道米子東ICから県道53・24号を南下し、大山寺へ。または山陰道大山ICから県道158号を南下し、大山寺へ。県道30号に入り、道なりに進むと川床登山口がある。登山口の向かい側に5台ほどの駐車スペースがある。

■登山適期
5月上旬～11月下旬。ロングコースだけに、日没時間を考慮し登山する。

■アドバイス
▽時間に余裕があれば、小矢筈を往復しよう。矢筈ヶ山（大矢筈）から尾根道を伝い、岩肌の露出した急斜面を慎重によじ登ると、小矢筈のピークにたどり着く（往復40分）。小矢

↑かつての人馬の往来をしのばせる大山道の石畳。趣はあるが、苔むしてすべりやすいので要注意（川床コース）

→ギンリョウソウ。ツツジ科の多年草で、別名ユウレイタケともいう。見ごろは6月上旬（一向平コース）

峠方面に向かい、かつての大山道をたどる。途中にある三本杉分れをやりすごし、ブナの林間道を登っていくと、やがて**大休峠**に着く。大休峠は、登山道が四方から交わる十字路のような場所で、ログハウス風の大休峠避難小屋が建っている。

　避難小屋脇にある登り口から、矢筈ヶ山を目指す。岩石の露出したガレ道の急登を終えると、尾根道に出る。ブナの森林限界を超えて、キャラボクの茂る低灌木帯を登りきると、やがて**矢筈ヶ山**の山頂にたどり着く。

　山頂は、低い灌木に囲まれた狭い円形の地形をなし、中央に1等三角点が立っている。展望はすばらしく、大山や甲ヶ山、日本海などのパノラマが満喫できる。山頂から北東へのびる尾根道をたどると、小矢筈のピークまで行ける（「アドバイス」参照）。

　下山は往路を戻る。

コース②川床コース

川床登山口は、大山町大山寺から県道30号を東方に行くと県道脇

筈のピークは、人が2～3人ほど立てる狭い岩尾根の一部からなる。帰りは、矢筈ヶ山まで引き返す。

矢筈ヶ山山頂から見た小矢筈（右・左は甲ヶ山）。垂直に近い岩場を登ってピークに立つ

▽一向平キャンプ場（☎0858・57・2100）は、約17ヘクタールのテントサイトや管理棟、バーベキューハウス、休憩所（有料）、炊事場、トイレ、シャワーなどを備える。テントや食器類のレンタルもある。開設期間4月～11月下旬。

■問合せ先

琴浦町本庁舎☎0858・52・2111、大山町観光課☎0859・53・3110、大山町観光案内所☎0859・52・2502、日本交通琴浦営業所（タクシー）☎0858・22・7111、つばめタクシー（米子市）☎0859・22・5103、日本交通米子営業所（バス）☎0859・33・9116、日ノ丸自動車米子支店（バス）☎0859・32・2121

■2万5000分ノ1地形図

伯耆大山

＊コース図は35ページを参照。

↑三本杉分れをすぎると、ブナの大木が次々と現れる（一向平コース）

→矢筈ヶ山山頂からの大山方面の眺め

にある。道標があるのでわかりやすい。駐車場は、県道脇の空き地を利用する。

登山口からは、道なりに川床経由でブナやミズナラの林立する急斜面を登っていく。急なガレ道を登りきると、道標が設置された、**岩伏分れ**（いわぶせわかれ）とよばれる地点に着く。

この地点から大休峠に向かい、ブナやミズナラのなだらかな林間道を進む。この登山道は、かつて大山道とよばれ、古くから利用されてきた。当時は人の往来も多く、大山寺の博労座（ばくろうざ）で牛馬市が開かれる頃になると、大休峠には茶店が出るほどだったという。

香取分れ（かとり）をすぎると山道の景色が一変し、随所に大山道の頃の石畳道が目に入る。古き時代を彷彿させる苔むした石畳の道を登りきると、やがて**大休峠**に着く（大休峠～**矢筈ヶ山**間は「コース①」を参照）。

下山は往路を戻る。

CHECK POINT

コース①

1 大休口の道標。Y字路に位置し、登り下りともに重要ポイントでもある

2 三本杉分れの道標。かつての三本杉地内に通じる山道は廃道化したため、今は地名だけが残っている

3 大休峠避難小屋（トイレあり）。大休峠は、その昔から大山往来の要所として知られる

4 矢筈ヶ山山頂。低灌木に囲まれた円形の頂から、360度の展望が満喫できる

コース②

5 川床コースの道標。登山口から阿弥陀川を渡り、かつての大山道を登っていく

6 岩伏分れの道標。この地点からは急登もゆるみ、比較的緩やかな林間道になる

7 香取分れの道標。道標は、3カ国語表記（日、英、韓）のほかに距離や時間も記され、大いに役立つ

8 川床コース登山道。歩きごたえある大山道を登っていく。この先から石畳も現れる

6 は06矢筈ヶ山のCHECK POINT番号です
7 は07大山滝のCHECK POINT番号です
N
0
500m
1:30,000
名和、赤碕へ
駐車スペース
Start Goal
川床登山口
6-5
689m
大山寺バス停、米子市街へ
ガレ場の急登
•911
0.45
0.35
岩伏分れ
6-6
赤土の道
ブナ、ミズナラ
0.30
0.25
•938
6-7
香取分れ
ゆるやかな道
6-8
中国自然歩道
△1062
•1014
大山町
•952
▲1149
勝田ヶ山
船上山へ
甲ヶ山
▲1338
甲ヶ山へは下り40分
(登りは50分)
庄司ヶ滝
360度の展望
急峻でやせたピーク。
通行注意
小矢筈
0.20
6-4
▲1358
矢筈ヶ山
•839
琴浦町
•787
•906
山川谷
三本杉滝
二児滝
大山道
1.10
0.50
•1176
•1110
阿弥陀滝
阿弥陀川
東谷
剣谷
石畳の道
ブナの森林限界
ガレ場の急登
ササやぶ
大休峠避難小屋
低灌木帯
1.00
0.40
•1300
1200
1100
1000
900
800
700
600
500
野田ヶ山
1344▲
6-3
大休峠
•688
•800
•863
加勢蛇川
一向平
飯盛滝
三本杉分れ
6-2
中国自然歩道
急登
•931
飯盛山
▲952
大山滝展望台
7-4
木地屋敷跡
7-3
旦那小屋跡
往復10分
駐返りの滝
管理棟
573m
一向平キャンプ場
7-1
野井倉、県道44号へ
0.25
ブナ林
Start Goal
中宝珠越
三鈷峰
▲1516
宝珠尾根
上宝珠越
親指ピーク
•1133
ユートピア避難小屋
1550
象ヶ鼻
振子山
▲1452
ブナ林
1.20
1.00
大休谷
6-1
大休口
0.30
不動滝
大山滝吊橋
急な階段の下り
7-2
△846
45
倉吉市
西谷
桧
大山滝
大山滝へは8分下る。
途中の崖は通過注意
野田滝
大休滝
地獄谷
池の平
•1310
振袖山
▲1296
振子沢
•977
大山
•1636
▲1729
剣ヶ峰
▲天狗ヶ峰
槍ヶ峰
▲1692
•1500
元谷
本沢
壁沢

07

大山滝

一向平を起点に深い渓谷を流れ下る名瀑を訪ねる

日帰り

だいせんだき
642m（大山滝展望台）

歩行時間＝1時間50分
歩行距離＝3・4km

技術度
体力度

コース定数＝6

標高差＝113m

累積標高差 ↗193m ↘193m

琴浦町の大山滝（落差28メートル）は、大山東壁を源流とする加勢蛇川の上流部にある「日本の滝百選」の名瀑だが、近年、幾度かの洪水を受けて、その侵食は著しいものがある。かつての2段滝は、今なお変貌しつつあるが、ブナの原生林を流れ下る滝の雄姿を求めて、多くのハイカーが訪れる。

登山口は、**一向平キャンプ場**にある。キャンプ場から道標にしたがい、ブナ林につけられた林間道を登る。急斜面に設置された横木渡しの階段道を下りきると、**大山滝吊橋**に着く。

吊橋をあとに登山道を進むと、桧林の中にある旦那小屋跡（河原の砂鉄を採取するたたら師が住んでいたところ）に着く。その昔、大山滝周辺の河原では、砂鉄採取の「カンナ流し」（川岸に水路を設けて、砂鉄を採取する方法）が行われていた。

旦那小屋跡からジグザグ道の斜面を登りきると、なだらかな桧林の林間道に変わる。この登山道は、平安時代（中期）から往来のあった山道で、大山道とよばれた。かつては三徳山を出て、関金から山守を経て大山寺を結ぶ、修験の道であった。林間道の途中には、木地屋敷跡（木工細工の木地師が住

大山道随一の名勝・大山滝。展望台から滝壺へ下れるが、途中に崖があり通過の際は要注意

■**鉄道・バス**
往路・復路＝JR山陰本線浦安駅からタクシー（要予約）で一向平キャンプ場へ。

■**マイカー**
山陰道琴浦東ICから、県道44号を南下。琴浦町の野井倉地内をすぎると、一向平・大山滝を示す道標がある。道なりに行くと一向平キャンプ場に着く。駐車は、キャンプ場の駐車場（無料）を借り受ける。

■**登山適期**
5月から12月上旬。新緑は5月中旬から6月上旬にかけて。紅葉は11月中旬。

■**アドバイス**
▽**大山滝** 大山の東壁が源流。以前は3段の滝だったが、昭和9年の室戸台風の時に2段滝となり、現在なお変化し続けている。
▽大山滝展望台から急傾斜の小道を下ると、大山滝の河原まで行くこともできる。ただし滝近くには足場の悪い崖もあるので、慎重に行動すること。
▽一向平キャンプ場（☎0858・57・2100）は管理棟や約17ヘクタールのテントサイト、炊事棟、休憩所、トイレなど兼ね備えたプレイゾーン。テントや食器類のレンタルもある。開設期間は4月～11月下旬。

■**問合せ先**
琴浦町本庁舎☎0858・52・21

鮎返りの滝。大山滝吊橋を渡ると滝に通じる枝道がある

大山滝から見たブナの紅葉

（上）登山基地となる一向平キャンプ場の管理棟。登山届を提出してから出発しよう
（下）大山滝吊橋（高さ35メートル、長さ45メートル、幅1メートル）。橋の幅が狭いので順番待ちが生じることもある

んでいたとされる屋敷跡）がある。

屋敷跡をやりすごし、板敷きの坂道を登っていくと、大山滝にたどり着く。ベンチのある休憩所から一段下の平地に、木組みの**大山滝展望台**が建っている。ブナ林に囲まれた展望台からは、大山滝が間近に見下ろせる。

道は大休峠方面へと続くが、往路を引き返す。

11、日本交通琴浦営業所（タクシー）☎0858・22・7111
■2万5000分ノ1地形図
伯耆大山

CHECK POINT

❶一向平キャンプ場の一角にある、大山滝への道標。コース中には各所に道標が設置され、迷わずに歩くことができる

❷キャンプ場からブナ林を登ると、横木渡しの急な階段道に着く。階段道は狭く急傾斜だけに、足もとに注意しながら慎重に登り下りする

❸旦那小屋跡。大山滝周辺では砂鉄の採取がさかんで、カンナ流しにかかわった人たちの住居跡が残っている

❹大山滝コース脇にある木地屋敷跡。その昔、この谷の周辺に木材品を扱う木地師が住んでいた場所とされる

＊コース図は35ページを参照。

08

尾根のカタクリと、秋の草紅葉が魅力的な自然探訪は鏡ヶ成から

擬宝珠山・象山

ぎぼしやま 1110m
ぞうやま 1085m

日帰り

歩行時間＝2時間
歩行距離＝3・8km

技術度
体力度

コース定数＝8

標高差＝192m

累積標高差 345m 345m

江府町に位置する擬宝珠山と象山（別名・笹ヶ峰）は、地質的に見ると、大山火山よりも古い火山で形成された山とされる。なだらかな山容をなし、登山基地となる鏡ヶ成の裏山ともいえる存在だ。この山並みは、個々に特徴的をもつ。疑宝珠山は一面落葉広葉樹に覆われて、岡山県との分水嶺を成す。象山は、一面ススキなどの草付き斜面で形成され、展望がよい。見晴らしのよい尾根道の散策歩きとして、訪れるハイカーも多い。

↑擬宝珠山登山道。擬宝珠山は、ブナやミズナラで形成された自然林が特徴。登山道は林間斜面に続く。灌木の多い象山とは対照的だ

←象山山頂。灌木に覆われるが、西方に開けて見晴らしはよい。眼下に鏡ヶ成が広がる

登山口は、**鏡ヶ成**の奥大山レストハウス脇にある。道標があるので、すぐにわかる。駐車場から車道を行くと、草付きの斜面に登山道が見える。草付き斜面を登っていくと、ブナやミズナラなどの樹林帯の林間道に変わる。

ジグザグの道を登りきると尾根道に出る。尾根道を右にとると、**擬宝珠山**山頂にたどり着く。山頂は、草付きの円形広場のような地

■鉄道・バス

往路・復路＝JR伯備線江尾駅からタクシーで鏡ヶ成へ。バスの場合は江尾駅から江府町営バス（要予約）で笠良別れへ。さらに鏡ヶ成へ徒歩で約2キロ、40分。

■マイカー

松江方面からは、米子道江府ICから国道181号に入り、国道482号、県道315・45号経由で鏡ヶ成へ。岡山方面からは、米子道蒜山ICから国道482号・県道114号（蒜山大山スカイライン）経由で鏡ヶ成へ。鏡ヶ成駐車場（無料）を借り受ける。

■登山適期

4月中旬〜12月上旬。カタクリの花は4月下旬〜5月上旬、紅葉は10月中旬〜11月上旬。

■アドバイス

▽鏡ヶ成には、「日本ではじめて」のものがふたつある。ひとつ目は、昭和36年に日本で最初に国民休暇村がつくられた場所。もうひとつは、昭和41年、鏡ヶ成で第8回国立公園大会が開かれ、自然保護憲章の制定・促進がはじめて決議された（実際に制定されたのは昭和49年6月）。近年、自然保護や緑のある生活など、人と自然のかかわりが話題となるが、鏡ヶ成はこれらの取り組みの先がけとなった場所なのだ。

▽鏡ヶ成湿原は、標高約900メートル地点に広がる高地湿原。周囲が山（烏

早春の擬宝珠山。木々の芽立ちの色が多様で、見飽きない景色をつくる

形で、中央に山頂を記した標柱が立っている。

擬宝珠山をあとにして、元来た道を分岐点まで引き返し、直進して尾根道をたどる。なだらかな尾根の道筋には、あちこちにカタクリが群生する。春（4月下旬から5月上旬）には、カタクリの花見散策ができる。

平坦とも思える尾根道を下ると、尾根の東先端に出る。尾根の先端部にはスキーリフトの管理小屋があり、管理小屋をやりすごして下りきると、象山と鏡ヶ成との**分岐点**に着く。

ここからは、象山の草付き斜面を目指す。低灌木やススキなどが茂ったジグザグの斜面を登る。急な傾斜の階段道を登りきると、**象山**の山頂にたどり着く。山頂には中央に3等三角点が立ち、展望はぐるり360度。鏡ヶ成や湿原が箱庭のように見下ろせる。

帰りは、西側の新小屋（しんこや）峠方向に下る。山頂をあとに、道なりになだらかな尾根道を下る。尾根の途中には、象山展望広場がある。象山展望広場をすぎ、灌木の中の道をジグザグに下る。下りきると、**新小屋峠との分岐点**に出る。ここでは、左手の休暇村奥大山方向をとる。

ブナやミズナラなどの樹林帯を行く。散策路のような平坦地を歩いていくと、やがて出発点のある**鏡ヶ成**に帰り着く。

ヶ山、擬宝珠山、象山）に囲まれて、盆地地形が形成される。ノハナショウブやキセルアザミ、サワヒヨドリなどが自生。

▽鏡ヶ成にある休暇村奥大山（☎0859・75・2300）は、鏡ヶ成の景観が一望できる宿泊施設。宿泊のほか、入浴のみの利用も可。宿泊の場合は、JR伯備線根雨駅や江尾駅、高速バス江府ICバス停から無料送迎バスが利用できる。鏡ヶ成キャンプ場の利用の際は、休暇村奥大山へ申しこむ。

■問合せ先

江府町農林産業課☎0859・75・2211、江府町観光協会☎0859・75・6007、日野交通（タクシー）☎0859・75・3788、江府町営バス営業所☎0859・75・3388

■2万5000分ノ1地形図

伯耆大山

CHECK POINT

1

ロープで保護された登山道脇のカタクリ。カタクリを増やすには、ササ刈り等の管理が欠かせない

2

象山と擬宝珠山との分岐点に立つ道標。ここから鏡ヶ成に下る道がある（約10分）

3

象山山頂直下の分岐に立つ道標。ここからほんの数分で山頂に着く

4

象山展望広場。尾根の途中にある展望台で、ひと休みするのにちょうどよい場所だ

5

新小屋峠との分岐点に立つ道標。ここから左手の「宿舎・芝広場」方向に進む

鏡ヶ成湿原から見た象山。山容が伏せた象（右が鼻）に似ていなくもない

擬宝珠山・象山周辺で見られる花

カタクリ（ユリ科カタクリ属・多年草）。擬宝珠山北面の日当たりのよい尾根道に群生する

エンレイソウ（ユリ科エンレイソウ属・多年草）。別名タチアオイ。早春の野草である

ヨツバヒヨドリ（キク科フジバカマ属・多年草）。ヒヨドリソウなどともよばれる。鏡ヶ成に多い

オトギリソウ（オトギリソウ科オトギリソウ属・多年草）。登山道から鏡ヶ成にかけて多い

ギボウシ（キジカクシ科ギボウシ属・多年草）。登山道から鏡ヶ成周辺に多い

ノリウツギ（アジサイ科アジサイ属）。鏡ヶ成周辺に多い低灌木

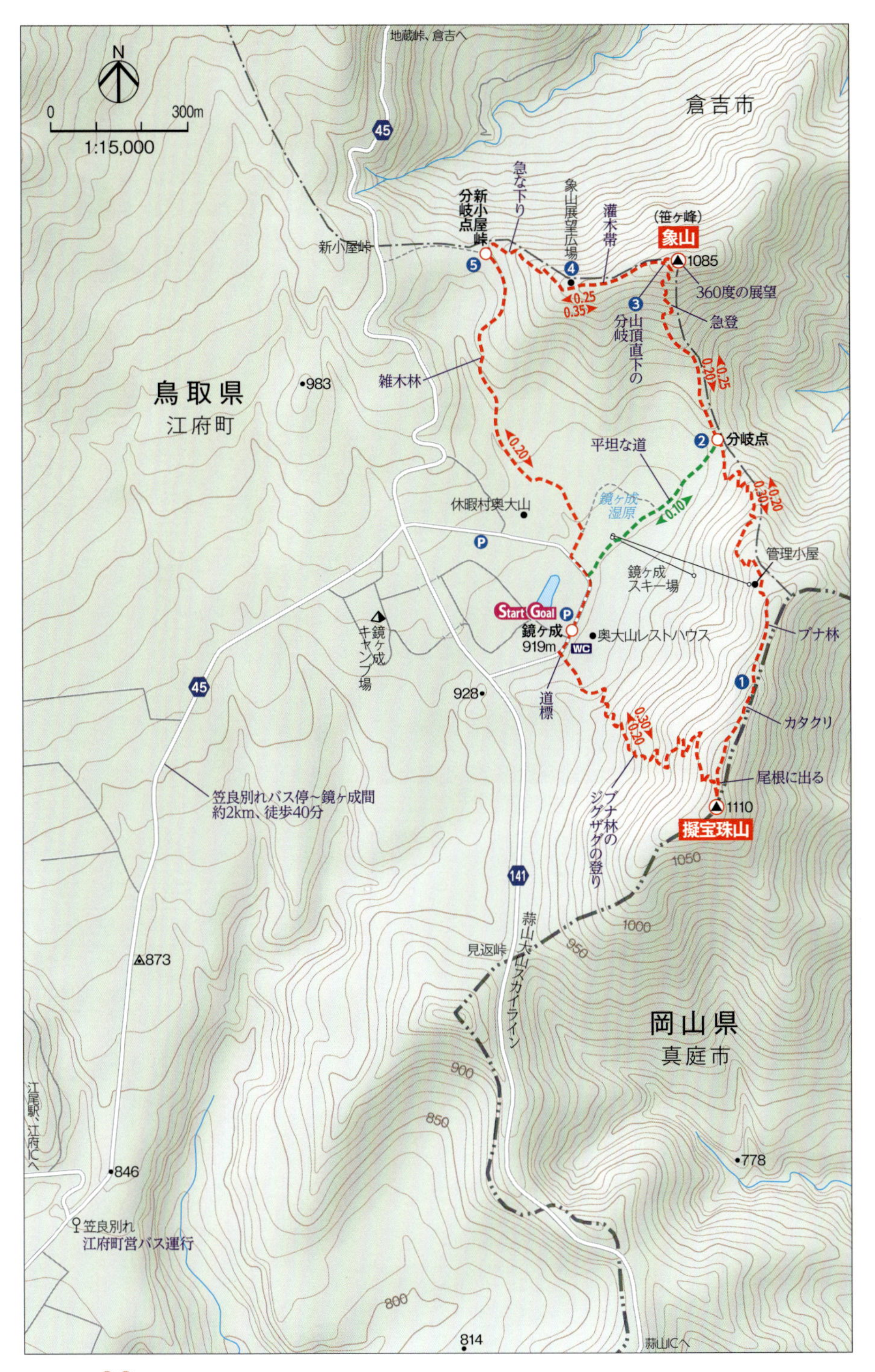
地蔵峠、倉吉へ
N
0
300m
1:15,000
45
倉吉市
急な下り
新小屋峠分岐点
象山展望広場
灌木帯
（笹ヶ峰）
象山
1085
360度の展望
新小屋峠
5
4
0.25
0.35
3
山頂直下の分岐
急登
0.20
0.25
雑木林
鳥取県
江府町
983
0.20
2
分岐点
平坦な道
鏡ヶ成湿原
0.10
0.30
0.20
休暇村奥大山
P
管理小屋
鏡ヶ成スキー場
Start Goal
P
鏡ヶ成
919m
WC
奥大山レストハウス
ブナ林
鏡ヶ成キャンプ場
45
928
道標
1
カタクリ
0.30
0.20
尾根に出る
笠良別れバス停～鏡ヶ成間
約2km、徒歩40分
ブナ林のジグザグの登り
1110
擬宝珠山
1050
141
1000
950
蒜山大山スカイライン
見返峠
873
岡山県
真庭市
900
850
江尾駅、江府ICへ
778
846
笠良別れ
江府町営バス運行
800
814
蒜山ICへ

09

孝霊山

伝説と古代のロマンが織りなす里山ハイク

こうれいざん
751m

日帰り

歩行時間＝3時間30分
歩行距離＝8・7km

技術度

体力度

コース定数＝15

標高差＝507m

累積標高差 ↗604m ↘604m

大山町にある孝霊山は、別名、瓦山ともよばれる独立峰。麓に伝わる孝霊山伝説を紹介しよう。遠い昔のこと、大山と背並びをするため、朝鮮半島の高麗の国から運んできた山という。その麓には弥生時代の大規模集落跡である妻木晩田遺跡や伯耆古代の丘公園などの古代遺跡があり、ロマンを求めて訪れるハイカーも多い。

登山口までは、無線中継局管理道（約4キロ）をたどる。そのため、**駐車地点**から先は一般車両進入禁止となる。

車を停めてある場所から、舗装された無線中継局管理道を道なりに上がる。S字カーブの多いゆるやかな坂道を登りきると、無線中継所が見えてくる。無線塔の林立する無線中継所手前の道路脇が**登山口**で、道標もありわかりやすい。

アカマツ、コナラやクロモジなどが茂る雑木林の中に、登山道が続いている。雑木林を登りきると、尾根道に出る。尾根道は背丈の低いクマザサに覆われているが、踏跡はわかりやすい。

尾根道の小さなピークをすぎるとジグザグの急登にさしかかるが、赤土や黒土（クロボクとよばれる火山灰）などの露出もあり、すべりやすい。足もとに注意して、急斜面のジグザク道を登っていく。

大山町高田地内から見た孝霊山。見る角度によって印象が異なる

山頂からの日本海や弓ヶ浜の眺め（手前は無線中継局）

■**鉄道・バス**
登山に適した公共交通機関はない。

■**マイカー**
米子市内から国道9号を米子市淀江へ向かう。淀江地内から旧国道を経て、県道310号に入り直進。途中の妻木晩田遺跡の入口をやりすごし、長田地内まで進むと「孝霊無中」（孝霊山無線中継所のこと）と書かれた道標が見える。道標にしたがい道なりに農道を上がっていくと、孝霊山無線中継所の管理道入口に着く。駐車は道路脇の空き地を借り受ける。

■**登山適期**
4月〜12月上旬。

■**アドバイス**
▽妻木晩田遺跡（☎0859・37・4000）は、孝霊山の麓に広がる

1 麓の車止めから無線中継局の管理道を約4㌔上がっていく

2 孝霊山登山口。道路脇に登山口を示す道標が立っている

3 中腹の尾根道からの孝霊山。登山道はこの地点をすぎるとしだいに傾斜を増す

4 孝霊山山頂からは南方に大山が見える

5 孝霊山山頂の2等三角点

初夏にはヤマボウシが咲く灌木帯をよじ登る。灌木の立木をホールドにしながら急斜面を登りきると、**孝霊山**の山頂にたどり着く。

山頂はススキの茂る細長い地形をなし、平形アンテナの先に高い石垣が見える。石垣は一段高く積み上げられた平地で、この場所が孝霊山の最高地点となる。展望は大変よく、大山をはじめ中海（なかうみ）や、島根（しまね）半島から日本海などのパノラマが広がっている。

下山は往路を戻る。

（上）大山町松尾池から見た孝霊山
（下）雑木林のゆるやかな登り。クロモジも多く、新緑や紅葉も楽しめる

古代遺跡（国指定史跡）。国内最大級の弥生時代（中期～後期）の集落跡で、広さ152㌶。遺跡は公園として整備され、一部見学も可能。入園無料。開園9～17時（入園は～16時、夏期延長）。第4月曜（祝日の場合翌日）・年末年始休。

遺跡にまつわる各種イベントや講座も行なわれている

■問合せ先
大山町観光課☎0859・53・3110、米子市淀江支所☎0859・56・3112、つばめタクシー（米子市）☎0859・22・5103

■2万5000分ノ1地形図
淀江

10

海に浮かんだ小さな森と岩屋伝説を求めて彦名から登る

粟島（明神山）

あわしま（みょうじんやま）
36m

日帰り

歩行時間＝21分
歩行距離＝0・7km

技術度
体力度

↑彦名地内から見た粟島。少彦名命と粟の種に由来する地名が今に残る。命にあやかりたいと訪れる参拝者、ハイカーも多い

←山頂に建つ粟嶋神社本殿。少彦名命を祀った社。社の周辺はスダジイやタブノキ、モチノキなど照葉樹の森が広がる、鎮守の森体感スポット

米子（よなご）市に位置する粟島は、古代から神の宿る山「神奈備（かんなび）」として崇められた信仰の山として知られる。かつては中海（なかうみ）に浮かぶ小島だったが、江戸時代中期の新田開発とともに陸続きになり、今では「あわしまさん」とよばれ親しまれている。

粟島は、山全体がスダジイ、タブノキやヤブツバキなどの照葉樹に広く覆われ、県の天然記念物指定の叢林（そうりん）となっている。

西側には、冬鳥の飛来地でもある米子水鳥公園が隣接する。ここでは、神社参拝と森林浴を兼ねた自然散策周回コースを紹介しよう。

粟嶋神社駐車場から社務所前の参道を行くと、187段の石段がある。これを上がり終えると、**粟島山頂**に出る。山頂の粟嶋神社本

コース定数	＝1
標高差	＝34m
累積標高差	50m / 50m

■**鉄道・バス**
往路・復路＝JR山陰本線・境線米子駅から日ノ丸自動車バス内浜線で粟島神社前へ。粟嶋神社駐車場へは徒歩5分。

■**マイカー**
米子市内から県道47号を中海に沿って西に向かう。彦名地内まで行くと粟嶋神社の白い看板が見える。駐車場は、粟嶋神社を利用させてもらう。近くに受付所やトイレもある。

■**登山適期**
年間を通じ登山可能。冬場は中海の水鳥観察を兼ねた散策もできる。

■**アドバイス**
▽**静の岩屋と八百比丘尼の話**　昔

粟島の南に隣接する米子水鳥公園

CHECK POINT

1 粟嶋神社の参道入口。延命長寿・安産の神様として参拝者が多い

2 「鎮守の森」にふさわしい照葉樹が茂る山頂から、林間の登山道を下っていく

3 粟島周回コースの中海側の登り口に出る。右の山の斜面沿いの道をとる

4 不老不死伝説スポットの八百姫宮。小さな岩屋ともいえる場所に祠が祀られている

5 「お岩さん」とよばれ親しまれる大岩宮。古代神を祀った小さな社が建つ

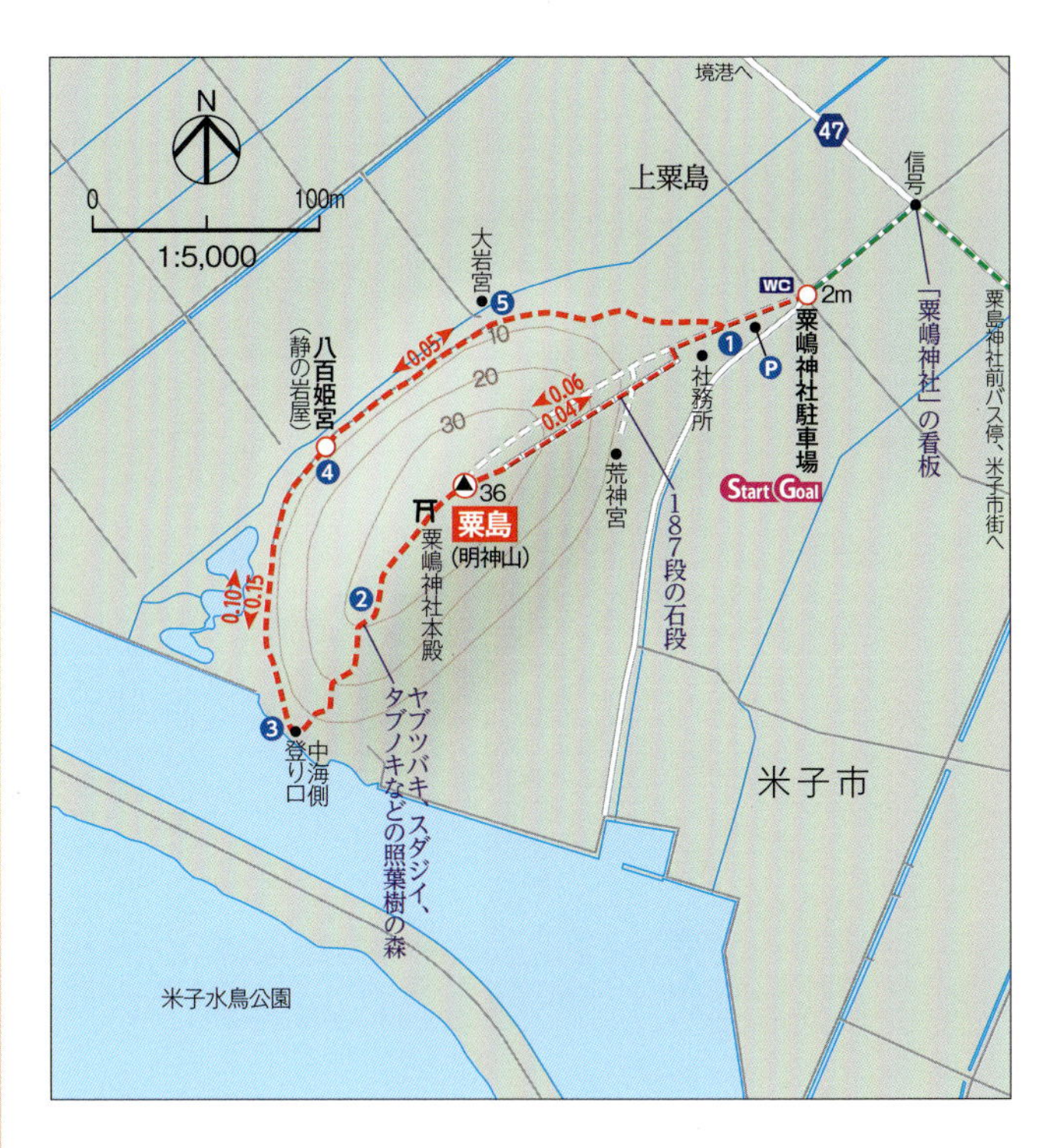

殿には、万病の神と知られる少彦名命が祀られている。

下りの散策コースは、神社脇にある。照葉樹の中を急な坂道が続く。足もとに注意しながら下りていくと、やがて平地に出る。

山の斜面脇に沿ってつくられた散策路を道なりに歩いていくと、小さな赤い鳥居のある**八百姫宮**に着く。このあたりは「静の岩屋」とよばれる、小さな洞穴の地形をなしている場所でもある。この岩屋には、美女と不老不死の伝説がある（「アドバイス」参照）。

静の岩屋をあとに中海の葦原を見ながら歩いていくと、小さな祠の大岩宮に着く。「お岩さん」ともよばれる大岩宮から道なりに歩くと、**粟嶋神社駐車場**に着く。

々、一人の漁師がこの島にやってきた。お世話になった「溝」のお礼にとみんなを御殿に連れていってご馳走し、最後に人魚の料理が出された。漁師たちは気味悪がって、途中の海に捨てて帰った。一人の漁師が捨てるのを忘れて持ち帰ったが、そうとは知らずに娘が食べてしまった。その娘は、病にもならず何年たっても若々しかった。人魚を食べた娘は「不老不死」の体になってしまったのだ。その後娘は尼となり、静の岩屋に籠って8百歳で絶命したそうな。

■**問合せ先**

米子市観光課☎0859・22・7111、米子市観光協会☎0859・37・2311、日ノ丸自動車米子支店（バス）☎0859・32・2121、皆生温泉旅館組合☎0859・34・2888、米子市国際観光案内所（米子駅構内）☎0859・22・6317

■**2万5000分ノ1地形図**

米子

11 米子市内のパノラマが満喫できる憩いの山旅は湊山公園から

湊山 みなとやま 91m

日帰り

歩行時間＝40分
歩行距離＝1.1km

技術度
体力度

コース定数＝3
標高差＝87m
累積標高差 ↗99m ↘99m

米子市にある湊山は、市街地に隣接する湊山公園の一角にあり、桜の名所として知られる。近くの米子港から見ると、こんもりとした小山のように見える。

かつての米子城（国史跡）は、室町時代中期に山名氏により、湊山の東側に位置する飯ノ山に建てられたのがはじまりとされる。のちに、吉川氏により湊山山頂に移された。江戸時代には中村氏の居城にとなり、天守閣をもつ4層の本格的な城として完成された。当時は鳥取城に劣らぬ名城ともいわれたが、城主の交代が激しく、他方、「不遇の城」とも評されていた。明治初期に廃城され、現在は石垣のみが残っている。近年整備が進み、市内が一望できる展望台として、また、健康ハイクの山として市民に広く親しまれている。

西登山口は湊山公園駐車場脇で、道標もあり、わかりやすい。西登山口から石段をしばらく上がっていくと、やがて中腹にある内膳丸（曲輪）跡の広場に着く。内膳丸跡は正方形の広場のよう地形で、周囲は古い石垣が残る。

↑北面の米子港から見た湊山。山麓には湊山公園がある

←本丸跡に通じる階段道。本格的な城の石垣が残され、重厚な石組みを見ながら登りつめて山頂へ

■鉄道・バス
往路・復路＝JR山陰本線・境線米子駅から米子駅前通りを西進し、鳥取大学医学部付属病院前から市道を道なりに歩いて湊山公園へ（徒歩20分）。

■マイカー
国道9号久米町交差点から市道湊山公園線を経て湊山公園へ。湊山公園駐車場（無料）を利用。

■登山適期
通年。湊山公園から湊山山頂にかけては桜の木が多く、春には花見登山もできる。

■アドバイス
▽**米子市内旧賀茂川散歩** 米子市は古くからの城下町で、商業の町として栄えてきた。湊山近くを流れる旧賀茂（かも）川沿いには白壁土蔵群や歴史をしのばせる家並みが残る。川沿いを歩ける散歩道や遊覧船があるので、立ち寄ってみるのもよい。
▽市内の北方日本海側には、塩泉で知られ、海辺の保養地として人気が高い皆生（かいけ）温泉がある。詳細は皆生温泉旅館組合（☎0859・34・2888）へ。

■問合せ先
米子市観光課☎0859・22・7111、米子市国際観光案内所（米子駅構内）☎0859・22・6317

■2万5000分ノ1地形図
米子

内膳丸跡からは、城壁の一部でもある石垣に沿って進む。石垣沿いに続く石の階段を登りきると、やがて**湊山**山頂にたどり着く。

中央が広い平地の地形の山頂には米子城本丸跡があり、周囲は城跡らしく、高い石垣に囲まれている。米子市の展望台として人気も高く、市街地をはじめ中海（なかうみ）、日本海、大山（だいせん）など360度のパノラマが広がり、訪れる人も多い。

帰りは、往路を戻ることもできるが、中海が見下ろせる西斜面コースを下ることにする。西斜面に沿って付けられた急なジグザグ道を下っていくと、札所めぐりの横手道と合流する。この合流点から道なりに下りていくと、**中海展望所**に着く。

展望所から市道に下りて、道なりに戻ると元の**西登山口**に帰り着く。

湊山から見た展望風景。眼下に中海や米子市内が見下ろせる

CHECK POINT

1 湊山登山口は湊山公園脇にある。湊山公園駐車場（無料）に隣接し、登山案内板もあるのでわかりやすい

2 登山道脇の一段高い石垣上にある内膳丸跡。一面が自然芝に覆われ、城跡の広場として利用されている

3 本丸跡と二ノ丸方面などへの分岐点。コース中には随所に道標が立ち、安全・安心登山が楽しめる

4 広い公園形式に整備された山頂。本丸をしのばせる高い石垣が残り、春には桜の花見も楽しめる。展望もよい

12 要害山

寺内から、神話のロマンにつつまれた中世の城跡へ

ようがいざん
332m

日帰り

歩行時間＝1時間30分
歩行距離＝2・3km

技術度
体力度

コース定数＝6
標高差＝277m
累積標高差 281m 281m

登山口に近い駐車場脇のため池から見た要害山

北麓に鎮座する赤猪岩神社は、大国主命の受難、再生、再起にまつわる伝説の地

南部町に位置する要害山は、中世の山城があったことで知られるとともに、『古事記』に出てくる赤猪岩神話の舞台となった地として名高い。赤猪岩伝説の一部はこうである。「大国主命は、ヤソ神のたくらみとはつゆ知らず、ヤソ神のいうとおりに、山の上から落ちてきた赤い猪を受け止めたが、それは真っ赤に焼けた大岩だった」。麓には、その大国主命を祀った赤猪岩神社が鎮座する。

地元では、手間山、あるいは、手間の要害山ともよび親しまれている。また、要害山を中心にした地域を、ミコト（大国主命）の受難と復活の地として語り継がれている。

登山道入口は、駐車場前の農道脇にある。コナラやアカマツなどのある雑木林の中に、登山道が続いている。落葉を踏みしめながら、ところどころ赤土の露出もあるジグザグの道をしばらく登っていく。アカマツの林床には、ウラジロ（ウラジロ科・ウラジロ属）とよばれるシダ植物の群生も多く見られる。ウラジロは、正月のしめ縄飾

■鉄道・バス
往路・復路＝山麓の県道1号上に南部町ふれあいバスの寺内上バス停があり、登山口まで徒歩15分ほどで行けるが、バスは平日のみの運行で、登山には使いづらい。

■マイカー
米子市内から国道180号南部バイパスを南下し、南部町清水川地内で県道1号へ。天萬方向に寺内地内まで進むと、要害山を示す道標がある。途中の赤猪岩神社へ向かう道をやりすごし、農道を終点まで進むと、登山道脇の駐車場に着く。

■登山適期
通年。肌寒さのある早春と落葉の晩秋から初冬が低山の魅力。

■アドバイス
▽要害山は安土桃山時代、毛利氏の山城があったことでも知られる。中腹から山頂にかけて砦跡とも思われる場所もあり、古城図によると山を切り開いた平地が12段確認される。山城は、天正12（1584）年に落城する。

■問合せ先
南部町企画政策課☎0859・66・3113（南部町ふれあいバスも）、南部町観光協会☎0859・30・4822

■2万5000分ノ1地形図
母里

りに用いられるシダ植物で、裏の白さは縁起のよさの証として知られる。

ウラジロの続くなだらかな登りは、やがて尾根道に変わる。しだいに高度を増すとともに、傾斜も増す。登りの途中には狭い平地が段々になって現れ、急斜面の一部を削りとってつくられた平地が数段続く。かつての砦跡とも思える狭い平地を見ながら登っていく。

山頂近くの西側斜面を回りこみながら高度を稼ぎ、雑木林の坂道を登りきると、**要害山**の山頂にたどり着く。

椿の大木がある山頂は、広場のような平地の地形で、南方の一角に4等三角点が立つ。広場の周囲には、山城跡とも思える石垣も残る。展望は東側に開けており、大山（だいせん）などが見える。

帰りは、往路を戻る。

CHECK POINT

1 農道脇にある要害山登山道入口の道標。農道をわずかに進むと駐車場がある

2 要害山登山口。駐車場前の山道から登山道が続き、かつての里山を思わせる雑木林を登っていく

3 松やコナラなどの林間道をたどる。林床にはウラジロとよばれるシダ植物の群生もある

4 雑木林の登山道脇には、樹木の説明板などもあり、樹木図鑑として活用できる

5 山頂の4等三角点。大きなヤブツバキの木もある

草地の広場のような要害山の山頂

山頂からは眼下に麓の家並み、遠く大山を望む

13

金華山（金花山）

照葉樹に覆われたかつての霊場を訪ねて八金から

きんかざん（きんかざん）
361m

日帰り

歩行時間＝50分
歩行距離＝1.0km

技術度
体力度

コース定数＝4
標高差＝171m
累積標高差 178m 178m

山頂テラスからの奥日野の山並み。狭い場所だけに足もとに要注意

↑中腹に建つ観音堂。ほぼ中間地点で、休憩地にもなる

←山麓から見上げた金華山

南部町に位置する金華山は、麓の八金地内から見ると、おむすび形をした小山のように見える独立峰。低山ながら、地質的、植物的、歴史的な特徴を兼ね備えた山として知られる。かつては、権現山とよばれていた。江戸時代初期の頃から修験道の道場としてにぎわったことで知られ、山頂には熊野神社が建っている。この山は、擬灰角礫岩（火山砕屑物が固まったもの）で形成された岩山からなり、南部町の天然記念物となっている。また、山頂周辺に常緑広葉樹の森が茂り、その社叢は県の天然記念物に指定されている。

■鉄道・バス 往路・復路＝JR山陰本線・境線米子駅から日ノ丸自動車バスで東長田地区公民館前へ。登山口までさらに徒歩約3キロ・約50分。

■マイカー 米子市内から国道180号を南下し、法勝寺地内へ。法勝寺から県道35号を南下し、江原地内まで進むと「金華山」の道標が見える。道標から道なりに進み、登山口へ。境内の駐車場を借り受ける。

■登山適期 3月～12月上旬。

■アドバイス ▽**法勝寺の一式飾り** 古くからの伝統行事で、江戸後期～明治初期にかけ、正月（旧正月）の「とんど祭り」の行事として伝わってきた。現在では毎年4月第1土・日曜に一般公開される。1種類の材料で時代を風刺した飾りつけが特徴。それぞれの家庭で飾りつけ、家ごとに公開される。昔ながらの農具や稲わらを使ったものや、お皿やお椀など身近な材料を巧みに利用した飾りつけが見もの。

■問合せ先 南部町企画政策課☎0859・66・3113、南部町観光協会☎0859・30・4822、日ノ丸自動車米子支店☎0859・32・2121

■2万5000分ノ1地形図 江尾

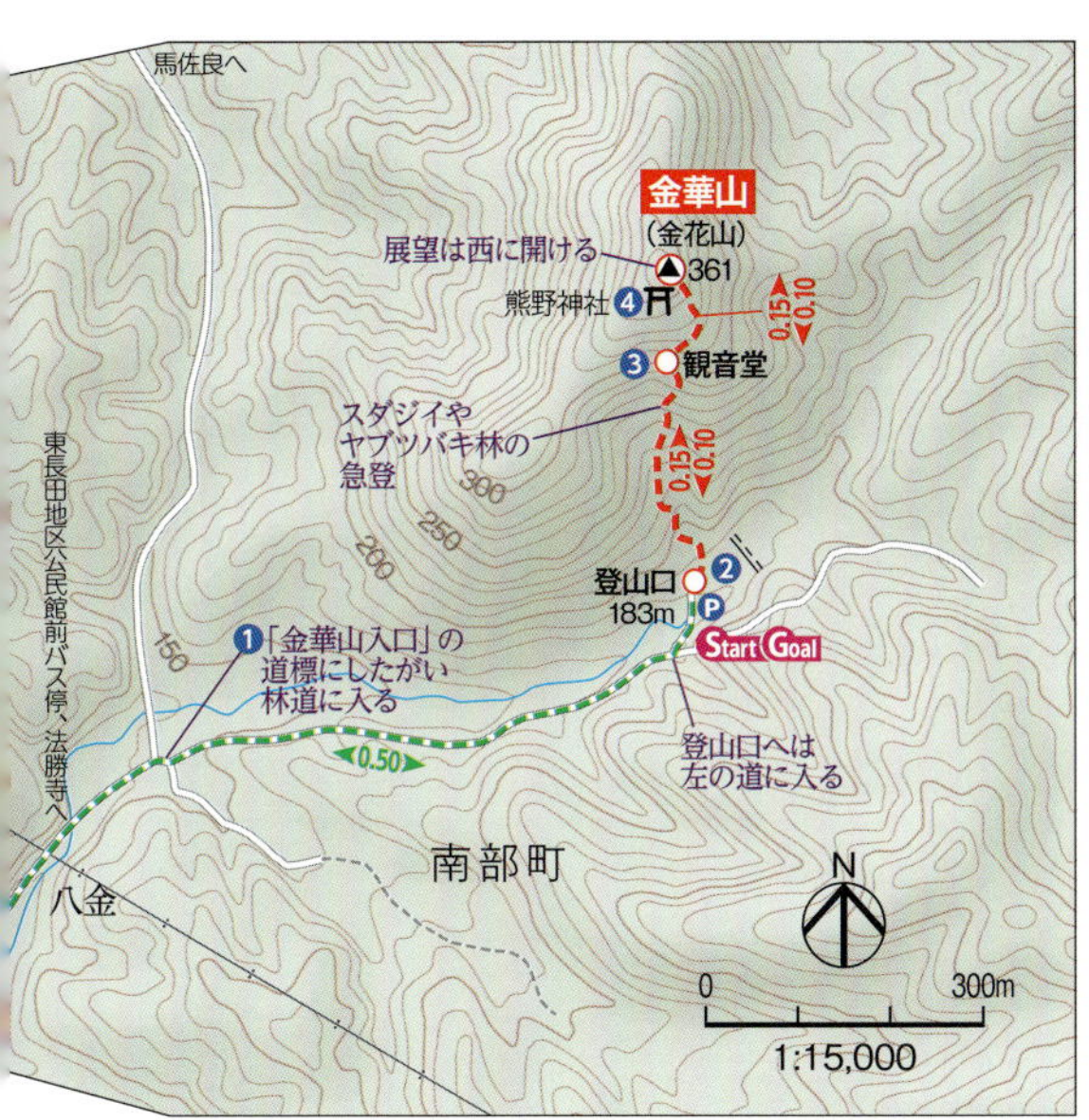

山頂周辺には照葉樹林の森が広がる。表土の少ない岩肌を覆うように林立する風景は、金華山の特徴でもある

麓の町、南部町法勝寺には、江戸時代から伝わる「一式飾り」の伝統行事がある（「アドバイス」参照）。春の伝統行事や、緑豊かな鎮守の森を求めて、訪れるハイカーも多い。

駐車場と石づくりの鳥居が建つ**登山口**から、神社参道の石段を上がっていく。石段の登りはやがて地道になり、急傾斜のジグザグ道を登っていく。スダジイやヤブツバキの林の中を登ると、やがて**観音堂**のある地点に着く。

観音堂からは、照葉樹の林間の登りとなる。木の根の張り出しもある登山道は一段と傾斜を増し、ところどころには赤土や岩石混じりの箇所もある。

照葉樹林の中の急坂を登っていくと、やがて小さな山門に着く。これをくぐり抜けて、その先に続く岩場を登りきると、**金華山**の山頂にたどり着く。

山頂は巨岩で形成された地形をなし、その巨岩の間に熊野神社の小さな社が建っている。岩石帯の先端は狭いテラス状で、その先端部は深く切れ落ちている。南方に開けた狭いテラスに立つと、眼下に照葉樹の森や奥日野の山並みが一望できる。神社の裏手は、巨岩の間にスダジイやシラカシなどの照葉樹の森が広がっている。

下山は往路を戻る。

CHECK POINT

1 金華山を望む麓の林道。「金華山入口」の道標にしたがい林道を直進すると登山口に着く

2 石の鳥居が目印の金華山登山口。駐車場に隣接しておりわかりやすい。登山道は、熊野神社参道でもある

3 中腹に鎮座する荒神宮。観音堂に隣接する。小さな鳥居が目印になる

4 金華山山頂に鎮座する熊野神社。巨岩に囲まれた狭い地形に社が建つ。山全体が信仰の対象でもあり、参拝者も多い

14

金山を起点に中世の城跡を訪ねる里山ハイク

鎌倉山

かまくらやま
730m

日帰り

歩行時間＝2時間15分
歩行距離＝4.0km

技術度
体力度

コース定数＝9	
標高差＝372m	
累積標高差	↗400m ↘400m

山頂からの大山。展望は北方向に開け、はるか日本海まで見える

南部町に位置する鎌倉山は、鎌倉時代後期（14世紀初期）に戸田備中守森正が築いた山城があった場所として知られる。鎌倉山には、戸田の侍と1匹の猿にまつわる伝説があり、物語として受け継がれている（「アドバイス」参照）。鎌倉山周辺は、花崗岩の風化した砂礫地帯でもあることから、江戸時代後期（19世紀中期）の頃は、カンナ流しやたたら製鉄がさかんな地域で、鉄山師も多数存在していた。麓にある金山の地名は、たたら製鉄に由来するものと推測される。

登山口は、こもれび広場脇の林道にある。道標があり、わかりやすい。登山口から谷沿いの林道を上がると、やがて杉林の中の登山道に変わる。杉林の斜面に沿ってつくられたジグザグな道を登りきると、尾根道に出る。

起伏のないなだらかな尾根道を進み、里山を思わせる雑木林の林間道を登りきると鎌倉山城跡のある場所に着く。クマザサの茂った

↑エイレンソウは中腹の登山道脇に咲く春の花

→中腹の登山道脇に立つ中世の城跡を記した石柱。クマザサの茂った平地がかつての城跡を連想させる

■**鉄道・バス**
登山に適した公共交通機関はない。

■**マイカー**
米子市内から国道180号を南部町法勝寺経由で県道35号に入り、これを南下し南部町金山地内まで行く。金山地内から鎌倉山の道標にしたがい林道を道なりに直進すると、こもれび広場の駐車場に着く。

■**登山適期**
4月から12月上旬。

■**アドバイス**
▽**鎌倉山と1匹のサルにまつわる合戦の話（伝記小説）** 永禄元（1558）年3月3日、戸田方（鎌倉山）の石田という侍が、浅野方（手間要害山）へ節句祝いの使者として出向いた。石田は弓の名手でその技を披露したが、そのとき1匹の猿が飛び出し弓矢にあたり死んだ。それを見た浅野の若殿は怒り、石田をだまし討ちにし、さらに軍を起こし、手間要害山にほど近い小松山で戸田軍と石田軍の戦いがはじまった。軍配は浅野に上がった。俗にいう「小松山の合戦」である。

■**問合せ先**
南部町企画政策課☎0859・66・3113、南部町観光協会☎0859・30・4822

■**2万5000分ノ1地形図**
井尻

平地には、城跡の案内板や標柱が立っている。城跡というよりも、山の中腹を利用した砦跡のようにも見える場所である。標柱のある周辺は、一面背丈の低いクマザサが茂って歩きづらいが、踏跡自体ははっきりしている。

山の西斜面を横切るようにしながら、ジグザグ道を登っていく。カラマツ林の急斜面を登りきると、やがて**鎌倉山**の山頂にたどり着く。三角点や石柱が立つ山頂は尾根の一部のような場所で、周辺は切り開かれ、休憩用のベンチもある。草むらの一角には、数体のお地蔵さんがひっそりと立っている。このお地蔵さんは、昔、麓にある金山地区の開田記念に祀られたという伝えがある。展望は北方向に開けており、日本海や大山（だいせん）などが一望できる。

帰りは往路を戻る。

ミズナラなどの雑木林の尾根道を行く

山頂にある開田記念に祀られたとされる祠

CHECK POINT

1 こもれび広場の駐車場。あずまややトイレもあり、登山者の憩いの広場として利用されている

2 鎌倉山登山口。こもれび広場駐車場に隣接する林道脇にある。標柱が目印だ

3 登山道脇には標高や山頂までの距離を示した道標が各所に設置されている

4 山頂に続く登山道（標高700メートル付近）。木漏れ日がまぶしい

5 山頂に設置された木製ベンチ。背後には3等三角点や祠などがある

15

古垰山

頂から南大山が一望できる里山歩きは出雲街道から

ふるたわやま
767m

日帰り

歩行時間＝1時間50分
歩行距離＝5・5km

技術度

体力度

コース定数＝10	
標高差＝399m	
累積標高差	↗ 475m
	↘ 475m

日野町にあり、別名「ことうやま」ともよばれている古垰山。その昔、中腹近くに古垰峠があったとされる。麓には、江戸時代のころ宿場として栄えた根雨宿や、日野川の渡し場などがあった場所として知られる。登山口となる林道の付近に、間地峠とよばれる峠がある。かつてこの峠は出雲街道（「アドバイス」参照）の要所で、難所峠のひとつとされたが、現在は直下を県道35号の間地トンネルが通り抜ける。ここでは、かつての出雲街道にのびる杉林の林間を歩く林道ハイクを紹介しよう。

間地トンネルの根雨側入口手前が**登山口**。とくに登山口の道標は

北麓の伯耆町間地地内から見た古垰山

杉林の林間道を登るロードウォーキングは、早春か晩秋が歩きやすい

山頂からの展望は東に開けており、木々の間から大山がよく見える

■**鉄道・バス**

往路・復路＝JR伯備線根雨駅からタクシーで登山口へ。

■**マイカー**

米子市内から国道181号を南下し、日野町根雨まで行く。根雨の舟場（ふなば）橋交差点から二部方向へ県道35号に入り直進すると、登山口でもある間地トンネル入口に着く。駐車は、間地トンネル入口にある県道脇の空き地を借り受ける。

■**登山適期**

3月から12月。野草ヤマキケマンの花は4月上旬。杉の植林地でもあり、花粉の飛び交う季節を外すなら、10月以降がよい。

■**アドバイス**

▽**出雲街道**　江戸時代に参勤交代で利用された街道で、大名道路として知られる。米子から天万を経て、間

早春の頃にはヤマキケマンが咲き、ハイカーをなごませる

ないが、林道取り付きの道路脇に、出雲街道を記した記念碑が立つので目印になる。登山口から山頂まで、約3キロの道程だ。

右側にのびる舗装された林道に入ると、杉木立の中をS字カーブが続く。春先には、道端には、ミヤマカタバミやタチツボスミレなどの野草も見られる。杉木立の中をどんどん上がっていくと、しだいに傾斜が増してくる。岩石の露出した崖のあたりには、落石防止の防御ネットが張られた場所もあり、道幅は一段と狭くなる。

急斜度の林道を上がりきると、分岐点に着く。この分岐を左手にとり、ゆるやかな道を上がっていくと、**古垰山**山頂にたどり着く。

山頂は、南北に細長い平地のよう地形をなし、数基の無線中継塔が建つ。展望は東側に開けており、大山(だいせん)をはじめ、毛無山(けなしやま)など奥(おく)日野の山並みが一望できる。

帰りは往路を戻る。

地峠を越え、さらに日野川の船場から渡しに乗り換えて根雨宿へ。根雨宿から四十曲峠を越え、備中の津山を抜けて姫路にいたる幹線道路として、古くから利用されてきた。のちに開通し負担が軽減された天万ルートは、新出雲街道ともよばれている。

▽**船場の渡し跡**　江戸時代、日野川を東西に渡す船渡しで、出雲街道の要所のひとつ。藩営渡しとして知られる。この渡しは、明治40年頃まで続いていた。

■**問合せ先**

日野町企画政策課☎0859・72・0331、日野町観光協会☎0859・72・0332、日野交通（タクシー・根雨駅）☎0859・72・0219

■**2万5000分ノ1地形図**

江尾

CHECK POINT

林道脇に立つ「出雲街道」を記した石柱。かつて古垰山は出雲街道の要所のひとつであり、山の中腹まで続いていたとされる

❶をすぎると、まもなく右手に古垰山に通じる基幹林道を記した道標がある

高度が増すにしたがい、道幅の狭い急斜面の登りとなる。山腹沿いの林道を、山頂目指して進んでいく

山頂に立つ三角点。ススキの茂った草地は無線中継局の基地でもあり、無線中継塔が林立している

16

ブナの尾根とカタクリ、360度の大パノラマを目指す

毛無山

けなしやま
1219m

日帰り

歩行時間＝3時間5分
歩行距離＝4・6㎞

技術度
体力度

コース定数＝12	
標高差＝426m	
累積標高差	449m
	449m

毛無山山頂。展望は大変よく、大山をはじめ奥日野の山並みが満喫できる

江府町に位置する毛無山は、かつて霊場として栄えた。開山は古く、役行者によるとされる。山頂の祠には、行者を祀る菩薩像が安置されるなど、修験行場の痕跡を見ることができる。岡山側からの登山が一般的だったが、近年江府町俣野から登山道が開設され、鳥取側からも入山が可能になった。山頂に通じる尾根道には、春になるとカタクリの花が咲き、頂からの展望もよいことから、訪れるハイカーも多い。

登山口は、サージタンク（俣野川発電所設備の一部）脇にある。登山口から横木渡しの階段道が雑木林の中に続く。急な階段道を上がりきって尾根道に出て、急斜度のS字道を登り終えると視界の開けた四合目に着く。ここには木組みの展望台が設置されている。

四合目からは、ウド山のピークを見ながら尾根道を登る。ブナの林間をしばらく進むと、五合目に着く。五合目の蔵之助岩とよばれる大岩をやりすごし、途中の小ピークをすぎると、やがて**八合目の分岐点**に着く。この分岐からは、白馬山（1060メートル）への道が東へとのびていく。通称カタクリ広場ともよばれるだけに、カタクリが多い。ここから道標にしたがい、毛無山に向かう。

ブナの樹林帯を抜け、灌木の茂ったなだらかな尾根道を登りきると、**毛無山**の山頂にたどり着く。

■**鉄道・バス**
往路・復路＝JR伯備線江尾駅からタクシーで登山口へ。

■**マイカー**
米子道江府ICから国道181号を南下し、江府町武庫地内へ。武庫から県道113号に入り、道なりに直進。同町俣野地内から毛無山を示す道標にしたがいS字カーブの林道を道なりに進むと、駐車場のある登山口に着く。

■**登山適期**
4月～12月上旬。カタクリの花は八合目周辺に咲き、開花は4月下旬～5月上旬。

■**アドバイス**
▽紹介する俣野ルートは、平成9年から11年にかけて地元の有志により開設された登山道。カタクリの保護など熱心な活動が続く。
▽登山口のサージタンクは、中国電力俣野川発電所の地上施設の一部で、発電所は毛無山の地下内部にある。発電形式が揚水式のため、上池と下池（俣野ダム）を地下水路で結んでいる。その施設の地上部がサージタンクとよばれる。

←毛無山のブナは中腹の尾根一帯に分布し、濃いグレーの樹皮色が特徴。黒ブナとも称される

→カタクリは鳥取、岡山との県境周辺（通称・カタクリ広場）に多いが、周辺の環境に敏感らしい

山頂は、尾根の先端部にあたる狭い円形の地形をなし、中央に3等三角点や方位盤などがある。周囲が低灌木のため見晴らしがよく、大山（だいせん）をはじめ360度のパノラマが楽しめる。山頂の下手には小さな祠も見える。また、岡山県との県境でもあることから、新庄（しんじょう）村からの登山者も多く、狭い山頂は、大勢のハイカーでにぎわうこともある。

下山は往路を戻る。

CHECK POINT

1 麓の保野地内の県道113号沿いにある登山案内板。案内にしたがい林道に入り、登山口を目指す

2 駐車場がある登山口での毛無山山開き風景。例年4月下旬頃に開催される

3 駐車場内のサージタンク脇に登山道への入口がある。大きな案内板が目印だ

4 四合目にあるウド山の展望台。一帯はススキやクマザサの原で見晴らしはよい

5 ブナが林立する急登の尾根道の途中(五合目)には、「蔵之助岩」とよばれる大岩がある

6 毛無山登山道。登山道脇は刈り払われて歩きやすい

登山口に設置された巨大なサージタンク。タンクの関連水路は、毛無山を抜けて岡山県側の上池に通じる

■問合せ先
江府町農林産業課☎0859・75・2211、江府町観光協会☎0859・75・6007、日野交通（タクシー）☎0859・75・3788

■2万5000分ノ1地形図
美作新庄・延助

17

宝仏山

根雨宿の東にあるかつての里山。アベマキの林間道を登って頂へ

日帰り

ほうぶつさん
1005m（最高点）

歩行時間＝4時間10分
歩行距離＝6・9km

技術度
体力度

コース定数＝20	
標高差＝801m	
累積標高差	↗ 860m
	↘ 860m

麓の町・根雨地内から見た宝仏山

はるかに大山を望む山頂に立つ、大山隠岐国立公園の記念碑

宝仏山の登山道。ブナやコナラなど二次林の林相をなす

日野町にある宝仏山は、山の中腹付近になだらかな地形をもつ小平や大平を有し、かつては放牧地や畑地もあったことから、人の行き交っていた里山であったことがうかがえる。小平付近の登山道脇にはアベマキ（ブナ科・コナラ属）の樹林が広がる。アベマキは、風合いある樹皮がコルク材として広く利用された時代もあった。麓には、江戸時代に栄えた根雨宿の家並みが残る。平成11年秋に、地元有志により登山道が開設され、以来訪れるハイカーも多い。

登山口は、日野町歴史民俗資料館脇にある。道標にしたがい、オオサコ谷川に沿って杉林の小道を行くと林道に出る。林道脇に宝仏山道の石標が立っている。その石標脇から、谷沿いの斜面に付けられたジグザグの道を登る。かつての里山を思わせるS字カーブの多い山道を道なりに登っていくと、やがて小平に着く。

小平からはなだらかな小尾根の登りで、クマザサに覆われた道を進むと大平に着く。大平をすぎると、登山道は桧林の急斜面に続く。高度が増すにつれ、桧林はやがてブナ林に変わる。ブナの大木

■鉄道・バス
往路・復路＝JR伯備線根雨駅。根雨駅前から商店街を歩いて日野町歴史民俗資料館まで行くと、登山口がある（7分）。

中腹に広がるアベマキの林

CHECK POINT

1 登山口は、日野町歴史民俗資料館の脇にある。道標にしたがい、オオサコ谷川に沿って登る

2 林道脇に置かれた、「宝仏山道」の石標

3 「小平」を記した道標。この先にアベマキの林が広がっている。

4 「大平」を記した道標。かつては畑地だった場所だ

5 ブナ林に囲まれた尾根道に、突如現れた岩石帯。大岩の間を乗り越えながら山頂を目指す

6 山頂に鎮座するブナの大木。時代を見据えてきた山の主だ

が林立する林間を登りきると、尾根道に出る。

南に進路を変え、尾根沿いのブナ林の道を登る。途中には、岩石の露出帯もある。大岩を乗り越えて、起伏のないなだらかな尾根道を歩いていくと、やがて**宝仏山**の山頂にたどり着く。

円形に切り開かれた平地のような山頂にはブナが数本立ち、その中の1本は、枝ぶりのよい巨木である。中央には、山頂を記す記念の石柱が立っている。山頂の大半は灌木に覆われているが、見晴らしは東方に開けて、大山(だいせん)をはじめ毛無山(けなしやま)など、奥(おく)日野の山並みが一望できる。

帰りは往路を戻る。

■マイカー
米子市内から国道181号を南下し、日野町の根雨地内へ。根雨から道なりに日野町役場へ向かい、町役場の駐車場を借り受ける。

■登山適期
4月下旬～12月上旬。山頂に通じる尾根筋にはブナも多く、5月の新緑、11月の紅葉などもよい。

■アドバイス
▽麓の根雨は、江戸時代中期（18世紀前半）の頃から宿場町として栄え、出雲・松江藩の参勤交代時の本陣（御茶屋）が置かれたりしていた。当時の本陣の門が移築され、登山道に通じる商店街の道筋で見ることができる。

「本陣の門」は、かつての根雨宿をしのばせる貴重な建築物

■問合せ先
日野町企画政策課☎0859・72・0331、日野町観光協会☎0859・72・0332

■2万5000分ノ1地形図
根雨

18 花見山

花見山スキー場から奥日野が一望できる展望台を目指す

日帰り

はなみやま
1188m

歩行時間＝1時間50分
歩行距離＝3・0km

技術度
体力度

コース定数 =7	
標高差 =181m	
累積標高差	↗245m ↘245m

麓の日南町花口地内からの花見山遠景。鳥取、岡山との県境でもある稜線はなだらかだ

花見山ロッジのシャクナゲ園

あずまやが建つ花見山山頂

三方を山に囲まれた地形的特徴がある日南(にちなん)町は、風化した花崗岩(かこう)から砂鉄を採取し、たたら製鉄がさかんな時代があった。たたら製鉄には大量の木炭が必要で、鉄と山林を中心に栄えてきた地域として知られる。その日南町の東部に位置する花見山は、麓の花口(はなぐち)地内から見ると、なだらかな稜線が印象的なかつての里山で、山頂に近い北斜面には、ブナの自然林が残る。また、山頂からの展望もよく、登りやすさも相まって、訪れるハイカーも多い。

花見山スキー場**管理道最終地点**にある駐車スペースから、急坂の管理道を登りきると**登山口**に着く。「花見山探勝道歩道」と書かれた標柱が目印だ。

カエデ、ブナやコナラなどの二

■鉄道・バス
登山に適した公共交通機関はない。
■マイカー
米子市内から国道181・180号を南下し、日南町黒坂地内まで行く。黒坂橋から県道210号を南下。途中の神戸上（かどの）地内から県道111号に入り、道なりに花見山スキー場へ。駐車は、敷地内の管理道を上がりきったところの草地を借り受ける。
■登山適期
4月中旬から12月上旬まで。
■アドバイス
▽**花見山のブナ林**　山頂の北方に位置するブナ林は、登山道脇から鑑賞できる。観賞の際は、ブナのポイントからさらに下りすぎないこと。ブナ林を見落としたら元の道を山頂まで戻る。北方の尾根道は、岡山県側に通じている。
▽**井上靖記念館「野分けの館」**　作家・井上靖が若かりし頃、家族の疎開先でもある日南町をたびたび訪れていた時代に、この地方を「天体の植民地」と評したのは有名。原稿や著書などが展示されている木造の記念館（☎0859・82・1715）。
▽**ふるさと日南邑（むら）**　花見山の西麓にあるレジャーゾーン。キャンプ場やログハウス、食事、宿泊などが通年利用可能（☎0859・83・1188）。

山頂の北斜面に見られるブナの自然林

次林を形成する雑木林の中、なだらかな登山道が続く。高度が増すにしたがい、雑木林から低灌木の斜面に変わる。傾斜のある低灌木の斜面につくられた、横木渡しの階段道を直登する。南向きの斜面は日当たりもよく、初夏の頃には、淡い朱色のヤマツツジの花が鑑賞できる。

急傾斜の横木渡し階段を登りきると、**花見山**の山頂にたどり着く。山頂は、背丈の低いササや灌木に覆われた円形の地形をなし、中央にあずまやが建っている。展望はよく、360度のパノラマが満喫できる。よく晴れた日には、北方に大山（だいせん）や南方に県境の山並みが一望できる。

山頂から北方向にのびる鳥取・岡山県境の尾根道を数分下ると、ブナの自然林がある。かつての花見山を彷彿とさせる林だが、自然林の範囲は狭いので、見落とさないように注意する。

ブナの鑑賞を終えたら、**花見山**山頂を経て往路を引き返す。

CHECK POINT

1. 花見山スキー場の管理道を車で進み、車止めとして利用可能な広場を借り受ける
2. 「花見山探勝歩道」の標柱がある花見山登山口
3. 登山道途中からは目指す花見山が見える箇所がある
4. 急な階段道の直登。初夏にはヤマツツジが見られる
5. 花見山山頂にある1等三角点
6. 山頂から北へ数分進むとブナの自然林がある

ふるさと日南邑は宿泊もできるので、前泊して登山に臨むのもよい

■問合せ先
日南町農林課☎0859・82・1111、日南町観光協会☎0859・82・1715、日南交通（タクシー）☎0859・82・0801
■2万5000分ノ1地形図
千屋実

19 船通山

オロチ伝説の里を訪ねて奥萩野から

日帰り

せんつうざん
1142m

歩行時間＝2時間32分
歩行距離＝3・2㎞

技術度
体力度

コース定数	=10
標高差	=438m
累積標高差	↗453m ↘453m

鳥取・島根県境の船通山山頂。ヤマタノオロチ伝説の記念碑などが立つ

日南町に位置する船通山は、別名、鳥髪ノ峰ともよばれている。出雲神話に出てくる須佐之男命のヤマタノオロチ退治伝説の地として名高い。その伝説の中でも、オロチのしっぽから出てきた「天叢雲剣」の話は有名で、山頂にはこの天叢雲剣の記念碑が立っている。また、春になると山頂一面にカタクリの花が咲き、多くのハイカーが訪れる。

駐車場と道標のある**登山口**から谷川沿いにキャンプ場まで舗装さ

山頂一般コースは、ブナ林の快適な尾根道歩き

山頂近くの大イチイ。推定樹齢約2千年とされる

■**鉄道・バス**

往路・復路＝JR伯備線生山駅からタクシーで登山口へ。

■**マイカー**

米子市内から国道180号を南下。途中から国道183号を日南町萩原（はぎはら）まで行く。萩原地内から県道15号を島根県横田方向に直進する。奥萩地内から道標にしたがい広域基幹林道船通山線に入り、道なりに進むと登山口のある駐車場に着く。

■**登山適期**

4月から12月上旬。カタクリの開花は4月下旬から5月上旬。

■**アドバイス**

▽毎年7月28日に、船通山の山頂で宣揚祭（せんようさい）が行われる。10時から神事、剣の舞などが奉納される。主催は日南町と島根県横田町が毎年交互に行う。

▽**日南町のたたら（和鉄）** 江戸時代において山陰の伯耆から出雲にかけて、たたら製鉄がさかんであった。たたら製鉄は、風化した花崗岩の中からカンナ（鉄穴）流しとよばれる方法で砂鉄を採取し、3昼晩かけて木炭で砂鉄を溶かす高殿（たかどの）たたらとよぶ方法で、1サイクルを一夜（ひとよ）とよんでいた。日南地方では砂鉄とともに、大量の木炭を産していた。現存するコナラなどの雑木林は、当時の面影ともいえる。

南麓を横切る船通山林道から見た船通山

岩場の多い山頂健脚コース途中の天狗岩

船通山の樹木・コシアブラ（ウコギ科）

れた道をたどり、キャンプ場からは地道の登山道となる。キャンプ場先に、健脚・一般コースの**分岐点**がある。道標もあり、わかりやすい。ここでは、谷沿いの健脚コースをたどる。

谷伝いの道は横木渡しの階段道に変わり、ジグザグ道の急坂を登っていく。谷沿いに標高を上げていくと、やがて天狗岩とよばれるトンガリ岩の地点に着く。近くに**金名水**とよばれる水場もある。

天狗岩からはカエデやコナラ、クロモジなどの樹林帯の登りとなり、やがて一般コースとの**合流点**に出る。合流点をすぎると、国指定の天然記念物でもある大イチイのある場所に着く。大イチイは2本あり、上手の大木が天然記念物に指定されている。

大イチイから数分で**船通山**の山

■問合せ先
日南町農林課☎0859・82・1111、日南町観光協会☎0859・82・1715、日南交通（タクシー）☎0859・82・0801

■2万5000分ノ1地形図
多里

＊コース図は65ジを参照。

頂にたどり着く。山頂は半円形の広場のような地形で、中央に天叢雲剣の記念碑が立ち、横に石の鳥居や小さな祠が見える。展望にも恵まれ、はるかに大山（だいせん）や鳥取・島根県境の山並みが一望できる。山頂広場は5月上旬にはカタクリのお花畑になり、大勢のハイカーでにぎわう。

　帰りは、大イチイの先の**合流点**から迂回コースでもある一般コースに入る。カエデやコナラなどの雑木林の小道を下っていく。途中には、烏帽子（えぼし）岩とよばれる立岩がある。

　樹木の中にある烏帽子岩を見ながら下る。途中から斜面を横切るような横道になり、やがてキャンプ場近くの**分岐点**に着く。あとは谷沿いの舗装路を下れば、**登山口**に戻ってくる。

山頂のカタクリ群落。開花は4月下旬から5月上旬

山頂から見た奥出雲の山並み

CHECK POINT

1 駐車場と案内図がある船通山登山口。登山口からキャンプ場までは、舗装された林道を上がっていく

2 船通山キャンプ場。広場脇に頂上健脚コース（谷登り）、頂上一般コース（林間登り）の分岐点があり、どちらからでも周回できる

3 頂上健脚コースに入ると、まもなく避難小屋が建っている。休憩のほか、天候急変時などの緊急避難時に利用できる

4 頂上健脚コースの途中にある金名水。登山道唯一の水場なので、必ず給水しておくこと

5 健脚コースと一般コースの合流点。道標はないので、下山時は進行方向に注意する

6 一般コースの途中にある、烏帽子岩とよばれる石塔。ツル植物に覆われ、季節によって見え隠れする岩山だ

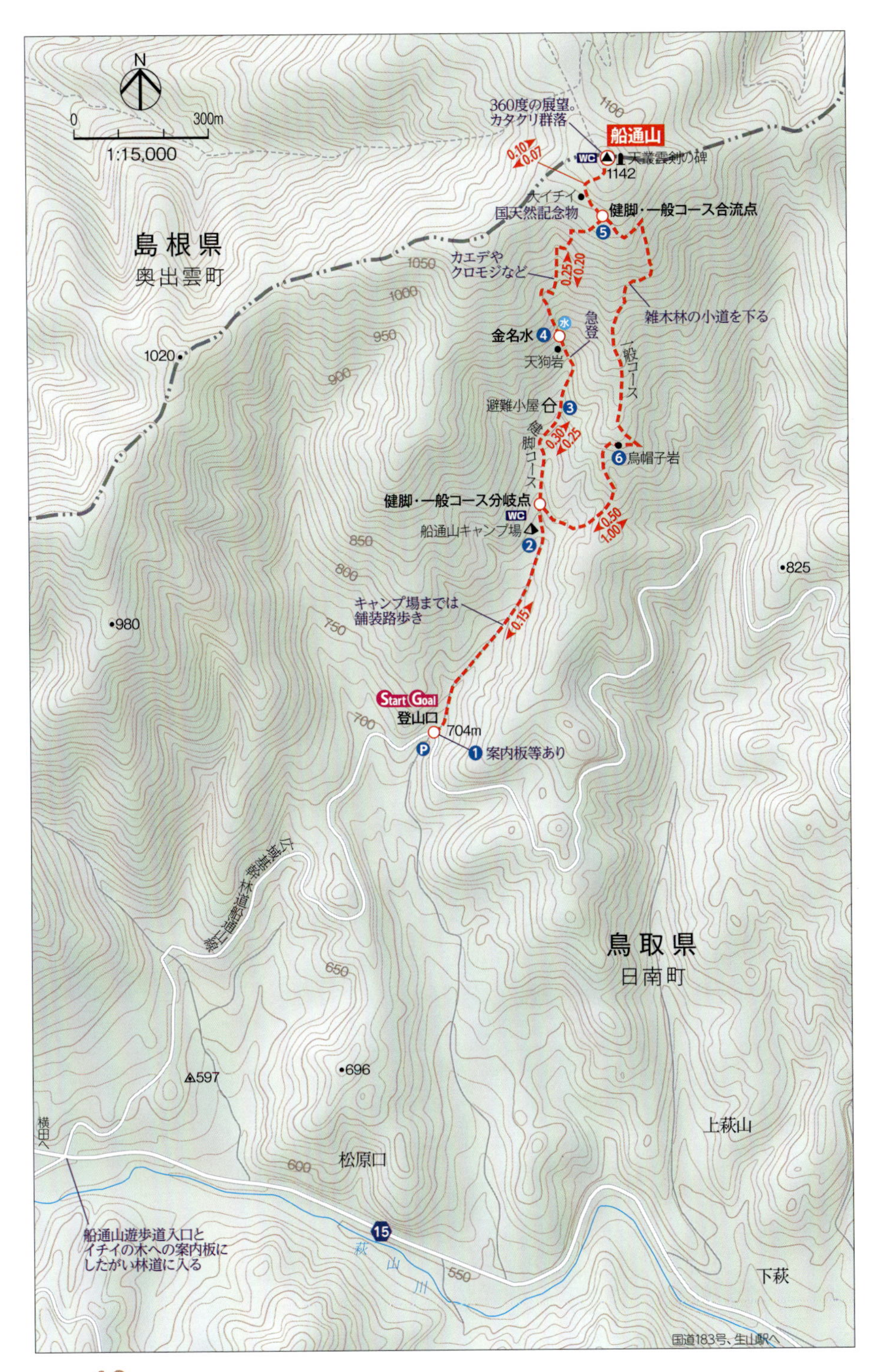
N
0
300m
1:15,000
島根県
奥出雲町
鳥取県
日南町
船通山
360度の展望。
カタクリ群落
天叢雲剣の碑
1142
WC
0.10
0.07
大イチイ
国天然記念物
健脚・一般コース合流点
カエデや
クロモジなど
0.25
0.20
雑木林の小道を下る
金名水
水
急登
天狗岩
一般コース
避難小屋
健脚コース
0.30
0.25
烏帽子岩
健脚・一般コース分岐点
0.50
1.00
船通山キャンプ場
キャンプ場までは
舗装路歩き
0.15
Start Goal
登山口
704m
案内板等あり
P
1100
1050
1000
950
900
850
800
750
700
650
600
550
1020
980
825
696
597
松原口
上萩山
下萩
横田へ
船通山遊歩道入口と
イチイの木への案内板に
したがい林道に入る
15
萩山川
国道183号、生山駅へ

20

蜘ヶ家山

くもがいやま
177m（大将山）

「海の守り神」から日本海のパノラマが満喫できる里山散歩

日帰り

歩行時間＝1時間5分
歩行距離＝2・5km

技術度

体力度

北面の北栄町下神地内から見た蜘ヶ家山。古くから里山として親しまれる

「蜘ヶ家山のポセイドン（海神）」苅山神社

↑山頂広場の一角に、明治時代に立てられた1等三角点（大将山三角点）がある

北栄町に位置する蜘ヶ家山は、通称「くもがいさん」とよばれ、親しまれている。かつては、麓の曲地内から倉吉に通じる山越えの峠道もあり、人の往来もさかんであった。古来より身近な里山として、焚き木など燃料の集材地として共有管理されてきた山でもある。近年公園化されて道路整備が進み、舗装された広域農道が山頂まで続く。中腹に建つ苅山神社は、かつて海竜王大明神ともよばれ、海の守り神として崇められていた。元は曲地内に鎮座していたが、のちにこの地に移された。

ここでは、苅山神社を起点に広域農道を上がり、山頂を

コース定数 ＝4	
標高差 ＝97m	
累積標高差	↗ 150m
	↘ 150m

■鉄道・バス

登山に適した公共交通機関はない。

■マイカー

北条倉吉道路北栄ICから県道320号を北栄町下神（しもつわ）地内へ。下神から県道250号等で曲地内まで行くと「山菜の里」を示す道標が見える。道標にしたがい農道を道なりに行くと苅山神社に着く。車の駐車は苅山神社脇の空き地か、神社から広域農道を南に100㍍ほど行くと車の待避所があり、ここを駐車場として借り受ける。

■登山適期

通年。山頂からの眺望もよく、四季折々の健康ウォーキングが楽しめる。

■アドバイス

▽**蜘ヶ家山・山菜の里森林浴ゾーン** 蜘ヶ家山山頂で、平成8年に鳥取県植樹祭が開かれた。その会場跡地を公園にしたもので、山菜の里として親しまれている。面積は5・3㌶で、駐車場や休憩所、山菜ゾーン、木の実ゾーン、花木ゾーン等がある。山頂を起点に遊歩道もあり、自由に園内が散策できる。

■問合せ先

北栄町観光交流課☎0858・37・3111、北栄町観光協会☎0858・37・5874、由良タクシー（北栄町）☎0858・37・2110

■2万5000分ノ1地形図

倉吉

下神、北栄ICへ
250
①
曲
②80m
刈山神社
Start Goal
駐車スペース
駐車スペース
•103
北栄町
③北条平野や日本海が見える
0.25
0.20
•85
広域農道
大谷池
蜘ヶ家山
大将山
177
⑤山菜センター（休憩所）
⑥
WC
P
Y字路分岐
④
山菜の里公園
0.10
倉吉市
N
0
500m
1:20,000

往復する里山ロードハイキングを紹介しよう。

刈山神社から舗装された広域農道を、東向きにゆるやかに上がっていく。畑地斜面の果樹園を見ながら進んでいくと、やがて周囲は桧林に変わる。

しばらくすると、山の北斜面が開けたようになる。麓の曲地内を眼下に見ながら農道を上がっていくと、前方に山頂に建つ無線の中継用アンテナが見えてくる。

途中にある**Y字路の分岐**を右方向にとり、山頂に向かう。S字カーブの坂道を登りきると、やがて**蜘ヶ家山**の山頂にたどり着く。

山頂は、「蜘ヶ家山・山菜の里森林浴ゾーン」とよばれる公園となっており、散歩もできる遊歩道や、駐車場のほかに休憩所（山菜センター）などがある。展望は北から北東かけて開けており、日本海をはじめ、砂丘ナガイモや砂丘ブドウ等の栽培がさかんな北条平野が一望できる。1等三角点は、北西の端に位置する大将山とよばれる場所の一角にある。

帰りは往路を戻る。

蜘ヶ家山からの残雪の大山遠望

CHECK POINT

1 県道250号脇に立つ曲（まがり）地内の道標。左折して蜘ヶ家山を目指す

2 曲地内の農道脇に鎮座する刈山神社（海竜王神社）。神社前から農道を上がる

3 Y字路分岐への登り道から見た北条平野と日本海

4 中腹の農道Y字路を右手にとり、山頂を目指す。道標がありわかりやすい

5 山頂の手前には休憩所にもなる山菜センターが建っている

6 山頂広場に建つあずまや。見晴らしもよく、展望台としても人気が高い

21

歴史の丘を訪ね歩く潮風ハイクは南谷から

馬ノ山

うまのやま
107m

日帰り

歩行時間＝1時間22分
歩行距離＝5・2km

技術度

体力度

コース定数＝6

標高差＝106m

累積標高差 153m 153m

湯梨浜町にある馬ノ山は、古墳の山として知られる。古墳時代前・後期（3世紀末から7世紀）併せて大小24基が確認され、なかでも4号墳（前方後円墳）は規模も大きく、山陰地方では最大級の規模とされる。麓には、はわい温泉や東郷温泉などの名湯がある。

↑登山道からの日本海とハワイ海水浴場

10号墳の丘の上となる馬ノ山山頂。墳丘の中央に2等三角点がある

山頂へは舗装道路が通じているが、コース中からの日本海や東郷池などの景観をゆっくり眺められることから、山麓から歩くハイカーも多い。ここでは、ハワイ夢広場を起点にした車道利用の周回ロードハイクを紹介しよう。

ハワイ夢広場駐車場（無料）前から県道234号との交差点を渡り、道なりに農道を進む。道中にはハワイ馬ノ山公園の道標もあり、わかりやすい。

山陰道の陸橋を渡りしばらく行くと、**Y字路の分岐**に着く。Y字路を左方向にとり、農道をたどる。馬ノ山の東斜面一帯は鳥取県特産の20世紀梨の果樹園が広がり、4月には梨の花見散策もできる。

山の斜面に沿ったS字カーブの道を登りきると、やがて**馬ノ山山**

■鉄道・バス
往路・復路＝JR山陰本線倉吉駅から日本交通バス橋津線で羽合ひかり園前へ。バス停からハワイ夢広場駐車場へは徒歩3分。

■マイカー
鳥取、倉吉方面から国道9号で湯梨浜町長瀬東交差点（青谷・羽合道路はわいIC）へ。国道179号、県道185号経由でハワイ夢広場まで行く。駐車場は、ハワイ夢広場（無料）を借り受ける。

■登山適期
通年。4月中旬から下旬は、梨の花見散策も可能。

■アドバイス
▽**馬ノ山の合戦** 北に日本海、南に東郷湖を有し、地形的に天然の要塞ともいえる場所に位置する馬ノ山。戦国時代の天正9（1581）年、鳥取城を攻め落とした羽柴（豊臣）秀吉の軍勢と、馬ノ山に陣取った毛利方の吉川元春が対峙した場所で、吉川方の備えが充分とみた羽柴の軍勢が戦わずして引き上げたという歴史的古戦場として知られる。
▽東郷湖の南方に東郷温泉、北方にはわい温泉がある。北方に馬ノ山を配し、東郷池の対岸に位置するふたつの温泉場として、また湖岸の宿として人気が高い。泉質は、ともに硫酸塩泉（弱アルカリ塩泉）。

■問合せ先

CHECK POINT

1 県営羽合一般農道と記された道標にしたがい、馬ノ山古墳群に向かう

▼

2 県営羽合一般農道からY字路を左方向にとる。道標には「ハワイ馬ノ山公園」と記されている

▼

3 ベンチのある馬ノ山山頂展望台からの東郷池の眺め

▼

4 次々と現れる古墳を見ながら車道を歩く(9号墳付近)

▼

5 ハワイ風土記館。馬ノ山関連の歴史ガイドや日本海を見下ろす展望台を兼ね備えた歴史資料館

頂にたどり着く。山頂周辺は展望台になっており、東郷池や大山などが一望できる。隣接する小高い場所に10号墳があり、その墳丘の中央部に山頂三角点がある。

山頂から道なりに車道を進んで展望台を兼ね備えた**ハワイ風土記館**へ、ここから日本海が望める北回りのコースをたどる。途中にある6、7号墳や4号墳を左に見ながら町道を下ると、Y字路の分岐点に着く。左方向に進路をとり、S字カーブの道を下る。右手に25号墳を見て下っていくと橋津の集落に着く。

下山口にある**西蓮寺**の前から道なりに行くと、**ハワイ夢広場駐車場**に戻る。

麓の橋津地内から橋津川越しに望む馬ノ山

湯梨浜町産業振興課☎0858・35・3111、はわい温泉・東郷温泉旅館組合☎0858・35・4052、日本交通倉吉営業所（バス）☎0858・26・1115

■2万5000分ノ1地形図

青谷・松崎

22

天女や羽衣の伝説とロマンを求め、さらに山上の城へ

羽衣石山

うえしやま
376m

日帰り

歩行時間＝1時間23分
歩行距離＝1・6km

技術度

体力度

コース定数＝6

標高差＝176m

累積標高差 ↗241m ↘241m

湯梨浜町に位置する羽衣石山は、古くは崩巌山とよばれ、天女の降りた山としても知られる。天女伝説のロマンを求めて訪れるハイカーも多い。麓には、名湯で知られる東郷温泉などがある。

登山コースは、山頂を中心にした周回コースで、ここでは、羽衣伝説のある西斜面から登る。

麓の湯梨浜町羽衣石地内から見た羽衣石山

山頂に建てられた羽衣石城（模擬城）

登山口から杉林の林間道を登ると、**八幡神社との分岐点**に着く。この分岐点から枝道を**八幡神社**に向かい、お参りして引き返す。

八幡神社分岐点をあとにして林間道を登ると、**羽衣池との分岐点**に着く。この分岐点から枝道を登って**羽衣池**を往復し、元の**分岐点**から山道を登っていく。途中の登山道脇には、あずまや風の展望台などもある。さらに横木渡しの階段道を上がると、「天女の足あと」とよばれる、大岩のせり出した地点に着く。

大岩を見ながら急傾斜の階段道を上がると、展望台のある場所に着く。展望は北向きに開けており、東郷池が一望できる。展望台をあとに登山道を登りきると、**羽衣石山山頂**にたどり着く。

■**鉄道・バス**
登山に適した公共交通機関はない。

■**マイカー**
倉吉市内から道なりに県道22号を湯梨浜町長和田（なごうた）地内まで行く。長和田にある長和田橋から羽衣石川に沿って南下する。同町の羽衣石地内まで来ると、羽衣石山を示す道標や案内板がある。羽衣石地内をすぎたあたりに「羽衣石城跡」の道標があり、道なりに林道を行けば登山口となる駐車場広場に着く。

■**登山適期**
4月から12月上旬。

■**アドバイス**
羽衣石城は、南条貞宗（なんじょうさだむね）が貞治5（1366）年に築いたのがはじまり。以来南条氏は250年続いた。大永4（1524）年、8代豊後守（ぶんごのかみ）・宗勝の時、出雲の尼子経久（あまこつねひさ）の攻撃に遭い、伯耆の諸城主とともに流浪の身となる（この出来事を「五月崩れ」という）。城主は交代し、尼子経久の城となる。城を追われた宗勝は天文9（1540）年に奪回作戦に出たが、橋津川で尼子勢に敗れた。のちに尼子氏は毛利氏に滅ぼされ、これにより毛利方の宗勝は城を取り戻す。しかし、関ヶ原の合戦の際、破れた西軍についていた南条氏は城を追われ、羽衣石城は廃城となった。

涸れることがないとされる羽衣池

(上)駐車場から杉木立の林間を登る
(下)「天然の塁壁」とよばれる自然石群

CHECK POINT

1 登山口にある羽衣石山の案内図。位置関係を確認してから出発しよう

2 登りはじめから10分ほどで八幡神社(荒神宮)に着く。「羽衣石の八幡さん」として親しまれている

3 羽衣石山中腹にある羽衣池への道標。分岐から「お茶の水井戸」とよばれる羽衣池へは往復しても10分程度

4 羽衣池分岐の先にあるあずまや風の展望台。中間ポイントでもあり、休憩所として利用できる

5 観光スポット「天女の足あと」とよばれる大岩。このあたりは急な階段道の登りを強いられる

6 山頂手前にも展望台が建っている。眼下に北面の東郷池などが見下ろせる

山頂は広い平地の地形で、3層の天守閣（模擬・平成2年再建）が建つ。かつての二ノ丸跡でもある山頂広場は公園化されており、桜が植樹されている。

下山は、東斜面をたどる。山頂からは竹林の中を足もとに注意しながら下りていくと、やがて杉林の林間道に変わる。岩石の露出もある登山道を慎重に下ると、「天然の塁壁」とよばれる地点に着く。いっけん自然石の岩斜面のようだが、岩が折り重なってできた岩壁にも見える。これは、かつて山城の防御壁として利用された岩石帯と位置付けられている。

天然の塁壁をあとに林間道を下ると、やがて**登山口**に戻り着く。

▽宿泊は東郷温泉に温泉旅館が多数ある。立ち寄り入浴もできる。

■問合せ先
湯梨浜町産業振興課☎0858・35・3111、はわい温泉・東郷温泉旅館組合☎0858・35・4052

■2万5000分ノ1地形図
松崎

23

照葉樹が茂る天女の森林ハイクは打吹公園から

打吹山

うつぶきやま
204m

日帰り

歩行時間＝1時間13分
歩行距離＝3.1km

技術度

体力度

コース定数 ＝6	
標高差 ＝187m	
累積標高差	225m（登り） 225m（下り）

東面の倉吉市陸上競技場から打吹山を望む

倉吉市に位置する打吹山は、麓を流れる小鴨川沿いから望むと、こんもりとしたおむすび形に見える。山名は、残された天女の子どもが笛や太鼓を打ち鳴らし、天に帰った天女をしのんだという「天女伝説」に由来する。山頂には室町時代に山名氏により築城され、元和元年（江戸時代初期）に廃城となった打吹城跡がある。麓には桜やツツジの名所として知られる打吹公園や、江戸時代から商業の町として栄えた倉吉の街並みが広がる。全山が照葉樹に覆われていて、豊かな自然にふれながら歩ける里山として、また森林浴の山として訪れるハイカーも多い。

かつての山城跡である打吹山山頂

山麓の打吹公園は桜やツツジの名所として知られる

登山口は、打吹公園内に位置する倉吉博物館脇にある。道標にしたがい階段道を上がると散策路があり、ここから長谷寺に向かうコースをとる。

スダジイの茂った散策路を歩いていくと、長谷寺との分岐点に着く。近くに**越中丸展望台**もあり、迷うことはないだろう。分岐から長谷寺まで2～3分の距離なので、時間があればお参りしていこう。

越中丸展望所の上手にY字路の

中国三十三観音霊場第三十番札所の長谷寺

■**鉄道・バス**
往路・復路＝JR山陰本線倉吉駅から日本交通バス関金山口線で市役所・打吹公園入口へ。バス停から倉吉博物館前の登山口へは徒歩5分。

■**マイカー**
倉吉駅方面または北条倉吉道路倉吉ICから県道38号を倉吉スポーツセンターに向かう。倉吉スポーツセンタ

分岐点がある。この分岐を左方向にとり、山頂に向かう。登山道は岩石の露出も見られるが、歩きづらいというほどではない。

スダジイの森の中をゆるやかに登っていくと、**打吹山**山頂にたどり着く。

山頂は樹木に囲まれた円形の広場のような地形で、平地の一段上に打吹城跡の記念碑が立っている。

帰りは、倉吉市陸上競技場方向の林間道を下る。山頂から道標にしたがい、スダジイの森の落葉を踏みしめながら小道を下る。小道を下りきると、**武者溜り**（むしゃだまり）とよばれる分岐点に着く。この分岐を左方向に下っていくと、**峠の展望台**とよばれる場所に出る。

展望台でひと休みしたら元の道を引き返し、道なりに倉吉市陸上競技場方向に下っていくと、**登山口**のある倉吉博物館前に戻る。

CHECK POINT

1 打吹公園内にある登山口は、椿の平とよばれる広場の脇にある。打吹山の道標が目印になる

2 お城を模写した2階建ての越中丸展望台。ここから長谷寺へは数分の距離

3 武者溜りの分岐点。場所の云われの案内板と名称の標柱が立っている

4 峠の展望台から倉吉市内を望む。東面の展望が開けている

ーの駐車場を利用する。

■**登山適期**
通年。打吹公園の桜は4月上旬、ツツジは5月中旬。

■**アドバイス**
▽山中の長谷寺は、通称「はせでら」とも「はせのかんのんさん」ともよばれ親しまれる天台宗の寺。創建は養老5（721）年。本尊は十一面観世音菩薩で、安置する厨子（ずし）は国の重要文化財。県の指定文化財として絵馬群、梵鐘などがある。
▽**倉吉白壁土蔵群** 市内を流れる玉川沿いに、商家の白壁土蔵や古民家が建ち並ぶ観光スポット。

白壁土蔵群。伝統的建造物保存地区に指定されている地域を打吹玉川とよび、通称・白壁土蔵群として親しまれる

■**問合せ先**
倉吉市商工観光課☎0858・22・8111、倉吉観光マイス協会☎0858・24・5371、日本交通倉吉営業所（バス）☎0858・26・1115、日本交通倉吉営業所（タクシー）☎0858・22・7111

■**2万5000分ノ1地形図**
倉吉

24 関金宿から名湯・関の湯を見下ろす展望台へ

城山

しろやま
180m

日帰り

歩行時間＝48分
歩行距離＝1.6km

技術度
体力度

コース定数＝3
標高差＝69m
累積標高差 77m 77m

麓の温泉街から見た城山。山頂の城を模した展望台が目印

倉吉市関金町の城山は、中世の山城・亀山城（亀井城）が築かれた場所として知られ、亀井公園として親しまれている。麓には延暦年間から続く名湯で、白金の湯として知られる関金温泉がある。関金は、江戸時代には岡山県との県境に位置する犬狭峠往来の宿や湯治場として、また、木材生産や砂鉄の産地として栄えてきた。城山は、地理的に見て関金温泉街の裏山ともいえる場所にあり、中腹から山頂にかけてミツバツツジの群生が見られる。山頂からの見晴らしもよいことから、健康ハイクや、ミツバツツジの咲く頃には花見を兼ねて訪れるハイカーも多い。

大山や蒜山が望める山頂の展望台

関金温泉バス停から左手の路地に入り、温泉街を大瀧山地蔵院方面へ進む。地蔵院の手前に**亀井公園への案内板**があり、それにしたがい左の狭い路地に入る。道沿いでは4月下旬になると、自生のミツバツツジが、淡いピンクの花を咲かせる。

整備された登山道を登っていくと、周回コースの**分岐点**に着く。右手に続くコースをとり、道なり

■鉄道・バス
往路・復路＝JR山陰本線倉吉駅から日本交通バス明高行きなどで関金温泉へ。

■マイカー
倉吉市内から国道313号を南下し、関金宿まで行く。温泉街内の湯命館の駐車場を借り受ける。亀井公園入口の分岐へは徒歩7分。

■登山適期
通年。ミツバツツジの咲く4月下旬から5月上旬頃が最適。

■アドバイス
▽関金温泉は、別名「白金の湯」、「銀の湯」ともよばれる、ラジウム泉が特徴の、山陰の名湯のひとつ。源泉は60度C・毎分33リッ。無色・無臭で、肌にやさしい温泉だ。数軒の旅館や国民宿舎、共同浴場の関の湯、日帰り入浴施設の湯命館、観光足湯の延命茶屋などがある。詳細は関金温泉観光案内所（☎0858・45・3737）へ。

登山道沿いのミツバツツジ。開花は4月下旬から5月上旬にかけて

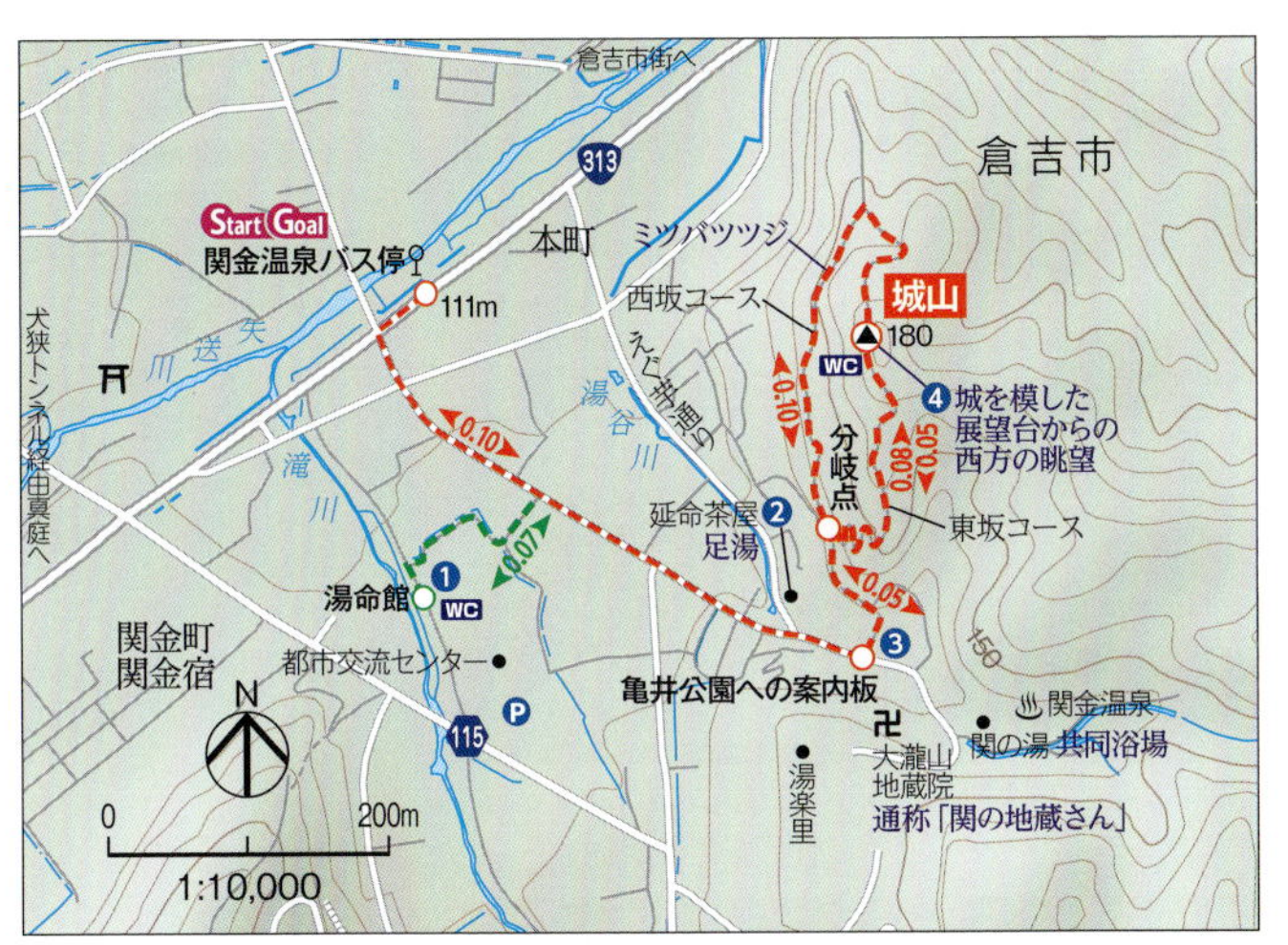

(上)共同湯の「関の湯」
(下)大瀧山地蔵院

に登りきると、やがて**城山**の山頂に着く。山頂は小高い丘のようになった地形で、中央に城を模した展望台が建っている。展望台からは、南方向に180度のパノラマが広がる。眼下に関金温泉街を見下ろし、南方に蒜山三座（下蒜山、中蒜山、上蒜山）や、大山などが一望できる。ここは室町時代に武将・山名小太郎の居城・亀山城があった場所でもある。

帰りは、展望台の裏手から西面の山腹沿いにつくられたコースを下っていく。日当たりのよい斜面には、ミツバツツジの群生が見られる。5月の満開の頃には、斜面一面があざやかなピンク色をしたお花畑のようになる。

途中の**分岐点**を道なりに下ると、やがて**亀山公園への案内板**のある分岐に戻ってくる。

CHECK POINT

1 日帰り温泉施設として人気が高い「湯命館」(ゆうめいかん)。下山後に汗を流していこう

2 大瀧山地蔵院の手前左側に、源泉かけ流しの足湯「延命茶屋」があり、無料で利用できる

3 温泉街にある亀井公園(城山)への案内板。この脇に登山口がある。ここから大瀧山地蔵院まで数分の距離

4 山頂展望台からの眺め。蒜山から大山へと続く山々が一望できる

▽**大瀧山地蔵院**　登山口近くにある、平安時代（756年）行基創建とされる真言宗の古刹。通称「関の地蔵さん」とよばれる寺内には、国の重要文化財である地蔵菩薩半跏像（木造）などが祀られている。

▽関金温泉には弘法大師にまつわるエグ芋伝説がある。その昔、老婆が川で芋を洗っていた。そこに旅の僧（弘法大師）がやってきて、芋を分けてくれるよう頼んだ。無心する僧に向かって老婆は「この芋はのう、見かけはうまそうだが、えぐ芋というて、とても坊さんのお口などには合いませぬわい」と断る。あきらめた僧は立ち去った。老婆は芋を食べようとしたが、芋はまさに舌も曲がるほどにえぐくなっていた。

温泉街を流れる湯谷川沿いにえぐ芋が植えられた「えぐ芋通り」。ちなみにえぐ芋とは「青芋」ともよばれる里芋の一種

■問合せ先
倉吉市関金支所☎0858・45・2111、日本交通倉吉営業所（バス）☎0858・26・1115

■2万5000分ノ1地形図
関金宿

25

三仏寺から急峻な岩山を登り、投入堂を訪ねる山旅

三徳山

日帰り

みとくさん
約500m（投入堂参拝所）

歩行時間＝1時間46分
歩行距離＝1.5km

技術度

体力度

コース定数＝6

標高差＝218m

累積標高差 252m 252m

三徳山三仏寺。中世の頃から天台宗の霊場として栄え、江戸時代には鳥取池田藩の庇護を受け栄華を誇った

イワタバコ（花期8月上～中旬）は三仏寺の参道脇などでわずかに見られる

登山受付所先の宿入橋。この朱塗りの赤い橋が霊場への入口となる

三朝町にある三徳山は、天神川の支流・三徳川の上流にそびえる岩山で、かつては山岳仏教の霊場として栄えた。伯耆三山（三徳山、船上山、大山）のひとつとして知られる。開山は、飛鳥時代の慶雲3（706）年、役行者とされる。昔は「美徳山」とよばれていた。登山口には、天台宗の寺で、中国観音霊場三十一番札所でもある三仏寺がある。標高約500㍍地点の断崖に建つ投入堂は、三仏寺の奥ノ院にあたり、国宝で知られる。ここでは、三仏寺から投入堂までの参拝コースを紹介しよう。

三徳参道入口バス停から県道脇の急な石段を上がると、**受付所**がある。受付所で参拝料を支払い、三仏寺まで上がる。三仏寺の境内の裏手に登山口がある。入山者制限2人以上を確認し、参拝登山（有料）の受付と履物のチェ

■鉄道・バス
往路・復路＝JR山陰本線倉吉駅から三徳行きもしくは吉原行きの日ノ丸自動車バスで三徳参道入口へ。

■マイカー
倉吉市内から県道21号を南下、三朝温泉を通り越し、三徳川に沿って直進すると三徳山に着く。参道入口近くにある駐車場（無料）を借り受ける。

■登山適期
4月上旬～12月下旬。早春から晩秋にかけ、四季折々の登山が楽しめる。

■アドバイス
▽投入堂の参拝受付時間は、8～15時となっている。入山料は本堂まで400円、投入堂へは800円（いずれも大人のもの）また、入山は2人以上で、履物規制（必要に応じてわらじ使用・有料）がある。
▽三徳山は、古来より大和国・金峰山系の流れをくむ修験場として栄えた。かつては三徳山の山頂まで、36宇の社が建ち並ぶ壮大な規模であったともいわれる。昭和9年、国の名

投入堂（国宝、名勝指定）。平安密教建築の中では数少ない逸品建築に位置付けられる

文殊堂の回廊から見た奥三徳の風景

ックをすませたら安全祈願の輪袈裟をもらい受け、登りはじめる。

朱塗りの宿入橋を渡ると、難所で知られるカズラ坂にさしかかる。樹木の根っこを、足場やホールドにしながらよじ登る。さらにクサリの設置された断崖をよじ登ると**文殊堂**に着く。

文殊堂からは、岩場の尾根道になる。足もとに注意しながらクサリのある岩場をすぎると、地蔵堂、鐘楼堂と続く。足場の狭い馬ノ背、牛ノ背を越すと、断崖をくりぬいて建てられた観音堂に着く。観音堂の裏手から断崖脇の道を回りこんだ先に**投入堂参拝所**がある。

断崖のくぼ地に建てられた投入堂は、役行者の法力によるとのい伝えがある。投入堂は平安時代後期の建立で、当時は蔵王殿とよばれていた。参拝する場所は狭い岩場の斜面でもあり、すべりやすいので注意する。

帰りは、往路を慎重に戻る。

文殊堂に集う登山者。下山時は、建物の柱の間を下るコースをとる

所史跡に指定。

▽三徳とは、法身（美しい）、般若（にごりのない）、解脱（働きのある心）を指す。創建の役行者（役小角）は、7世紀中頃の大和国葛城の出身で、修験道の開祖として知られる。

▽**三仏寺**　創建は平安時代、天台宗の円珍（9世紀頃の讃岐国出身で、天台宗寺門派の開祖）とされる。本尊は、釈迦如来、阿弥陀如来、大日如来。投入堂は三仏寺の奥ノ院となる。三仏とは、子守権現、勝手権現、蔵王権現の三権現を指す。

▽**投入堂（国宝）**　切妻（きりづま）舞台づくりの社は、中央の本堂と左側の愛染堂（あいぜんどう）からなる。本尊の木造蔵王権現立像は三仏寺の宝物殿で拝観できる。

▽毎年10月最終日曜に秋の大祭「火の祭典」が行われる。

▽宿泊の問合せは三朝温泉観光協会・三朝温泉旅館協同組合（☎0858・43・0431）へ。

■**問合せ先**

三朝町観光交流課☎0858・43・1111、三徳山三仏寺☎0858・43・2666、日ノ丸自動車倉吉営業所（バス）☎0858・26・4111、日本交通倉吉営業所（タクシー）☎0858・22・7111

■**2万5000分ノ1地形図**

三朝

＊コース図は78ページを参照。

CHECK POINT

1 三徳山登山受付所。三徳山登山では次の規制がある。参拝登山料、登山者2人以上、履物、服装チェック、入山時間など

2 三徳山登山の難所のひとつ、カズラ坂。手足を確保(三点確保)しながら、一歩一歩登っていく。ストック使用不可

3 文殊堂から見た奥三徳の山並み。文殊堂の回廊めぐりは見晴らしはよいが、手すりがないので要注意

4 三徳山登山道脇に立つ地蔵堂。文殊堂同様に回廊めぐりができるが、こちらも手すりはない

5 狭い横穴に建つ観音堂。堂の裏手を回りこむと、その先の断崖に投入堂が現れる。この視角変化は立体的でドラマチックだ

6 投入堂参拝者風景。足もとの岩場は急な斜面で狭い。参詣するためには、足場の確保や譲り合いが大切

26

岩と淵が織りなす渓谷美を訪ね歩く自然探訪は神倉から

小鹿渓

おじかけい
約430m（雄淵）

日帰り

歩行時間＝1時間10分
歩行距離＝1・7km

技術度
体力度

コース定数＝4
標高差＝65m
累積標高差 85m 85m

三朝町の小鹿渓は、三徳川支流・小鹿川の上流に位置する渓谷で、谷を埋めつくすように巨石・奇岩が並ぶ中を清流が流れ、渓谷の絶景をかもし出す。麓の神倉から中津間の約4㌔を小鹿渓谷、さらにその中心部の約1㌔の区間を小鹿渓とよび、国の名勝地に指定されている。中津国有林内、中国自然歩道の一部でもある。奇岩や清流などの渓谷美を求めて、訪れるハイカーも多い。

遊歩道入口は、**小鹿渓もみじの里展望公園**にある。入口から道標にしたがい小道を下ると、渓流沿いに続く遊歩道に出る。渓流に沿って歩いていくと、いきなり丸味をおびた巨石が目に飛びこんできて圧倒される。渓流沿いの遊歩道は、横木渡しの階段道が設置され、歩きやすい。

秋の小鹿渓。晩秋には落葉が見逃せない。絶景を求めて訪れるカメラマンも多い

広いプールを有する雌淵の景観。流れ落ちる清流は雌滝とよび親しまれる

■鉄道・バス
登山に適した公共交通機関はない。

■マイカー
倉吉市内から県道21号を、ラジウム温泉で有名な三朝温泉経由で三朝町片柴地内まで進む。片柴から県道33号を小鹿川に沿って直進すると、小鹿渓もみじの里展望公園の駐車場（無料）に着く。

■登山適期
4月中旬～12月中旬。新緑は5月中旬から。紅葉は11月中旬～下旬。紅葉が舞い散る晩秋の景色を求め歩く写真ファンも多い。

■アドバイス
▽小鹿渓の渓谷美は地質に特徴がある。花崗岩層の上に硬質の輝緑岩や斑レイ岩などの岩脈が入り混じり、浸食でさまざまな形をつくり出したとされる。
▽渓谷の上流に中津ダムがあるために水量は安定しているが、渓谷の河原の岩肌は水垢でヌメリがあり、すべりやすい。河原には、不用意に入りすぎないこと。

■問合せ先
三朝町観光交流課☎0858・43・1111、三朝温泉観光協会・三朝温泉旅館協同組合☎0858・43・0431、日本交通倉吉営業所（タクシー）☎0858・22・7111

■2万5000分ノ1地形図
三朝

＊コース図は81㌻を参照。

↑ハイカーをひきつけるトチノキの大木。トチノキは三朝町のシンボルツリーとなっている。トチの実の風味は個性的だが、心地よい苦味は深山を思い起こす魔力がある

←巨石に覆われた谷間を清流が流れ下る。丸みのある岩肌は、川の流れがつくり出したもの。巨石と周囲の森林美との調和も見どころのひとつ

瀬音を聞きながら渓流に沿って上がると、巨石や淵、滝が次々と現れて、ハイカーをひきつける。渓谷美を見ながら横木渡しの階段道を登りきると、やがて**県道**に出る。県道脇には「小鹿渓探勝路」の道標があり、これにしたがい小道を下る。

一幅の絵になりそうな渓谷美を堪能しながら歩いていく。遊歩道脇にはトチの巨木が点在し、巨石や巨岩などにコントラストを付けて見飽きない。

遊歩道の階段道を上がると、静かな水面を見せる雌淵(めんぶち)と、流れ落ちる雌滝に着く。さらに階段道を上がれば、遊歩道では最後の淵となる**雄淵**(おんぶち)と、淵に流れ下る男滝(おん)に着く。雄淵や男滝は、遊歩道脇の草木で見えにくいことがある。眺めるのに河原まで下りることができるが、すべりやすいので無理に踏みこみすぎないこと。

下山は往路を戻る。または**県道**に出て、車道をそのまま下れば元の**小鹿渓もみじの里展望公園**に帰り着く。

CHECK POINT

1 もみじの里展望公園から、小鹿川沿いの遊歩道を歩く。園内にはベンチを備えたあずまやがある

2 県道合流点。ここを中心にコース選びも可能。前半はやや険しい清流めぐり、後半は淵や滝が中心の渓谷美

3 渓谷歩きは段差も多い。随所に階段が設置されている。景色に気をとられ、足もとを見忘れないことも大切

晩秋の雄淵。小鹿渓探勝の最終ポイントにふさわしい景観だ

27 のどかな草付き斜面を登るかつての里山

若杉山

わかすぎやま
1021m

日帰り

歩行時間＝2時間15分
歩行距離＝5・5km

技術度 ★☆☆☆☆
体力度 ★☆☆☆☆

コース定数＝12
標高差＝359m
累積標高差 ↗550m ↘550m

三朝（みささ）町にある若杉山は、和牛の放牧場（若杉牧場）として利用されてきた里山として知られる。放牧は昭和初期からはじまり、昭和50年頃に閉鎖されている。かつては牧場として栄えた山の斜面は天然芝や背丈の低いチュウゴクザサに覆われて見晴らしがよく、山頂近くには御影（みかげ）石でできた庭園さながらの景観が楽しめるため、多くのハイカーが訪れる。

山頂に隣接する巨石群。青御影とよばれる、深層部で形成された火山岩の一種とされる

晩秋の登山道は草紅葉が美しい

駐車場脇の**登山口**から、道標にしたがい林道を進む。コナラやアカマツなどの雑木林の中、なだらかな登り道が続く。かつて、放牧地に通じる林道として利用された道でもある。S字カーブの坂道を登っていくと、稜線の鞍部（あんぶ）に着く。

一面ススキやクマザサに覆われた鞍部から、道なりに前方の草付き斜面を目指し踏跡をたどる。高度が増すにしたがい、クマザサから背丈の低いチュウゴクザサや天然芝に覆われた斜面に変わる。登路の随所に、御影石の露出も見られる。

草付き斜面に付けられたジグザグ道を登りきると、山頂へとのびる尾根に出る。灌木やススキの茂る尾根道を登れば、やがて**若杉山**の山頂にたどり着く。

ススキやチュウゴクザサに覆われた平坦な山頂には、中央部に三

■**鉄道・バス**
登山に適した公共交通機関はない。

■**マイカー**
倉吉市内から三朝町を通る国道179号を南下し、穴鴨経由で国道482号に入る。座性寺地内から県道283号に入り南下する。大谷地内の先にあるY字路から道標にしたがい道なりに進むと、登山口のある駐車場に着く。

■**登山適期**
4月中旬～12月上旬。晩秋のススキの原や草紅葉も風情がある。

■**アドバイス**
▽**若杉山の御影石**　若杉山の中腹から山頂にかけて、岩石の露出が見られる。この岩石は火山でできたもので、火成岩の中でも地下の深いところで冷え固まる深成岩の一種、斑レイ岩に分類される。火山活動でできる深成岩が、若杉山の山頂付近で見られるのは、列島の造山形成とあいまって非常に興味深い。

■**問合せ先**
三朝町観光交流課☎0858・43・1111、三朝温泉観光協会・三朝温泉旅館協同組合☎0858・43・0431

■**2万5000分ノ1地形図**
下鍛治屋

CHECK POINT

登山口から林道を上がる。かつての家畜放牧のための作業道は、今はハイカーが行き交う登山道だ

登りはじめからしばらくは雑木林の中にのびる林道をたどる

きれいに刈り払われ、登りやすいススキの原の登山道。山頂は正面に見えるピークの先にある

若杉山山頂。なだらかな地形で頂は見分けづらいが、山頂標柱が立つのでそれとわかる

山頂先の巨石上から見た景色。岩を見ているとこの山の形成期を連想することができて、興味深い

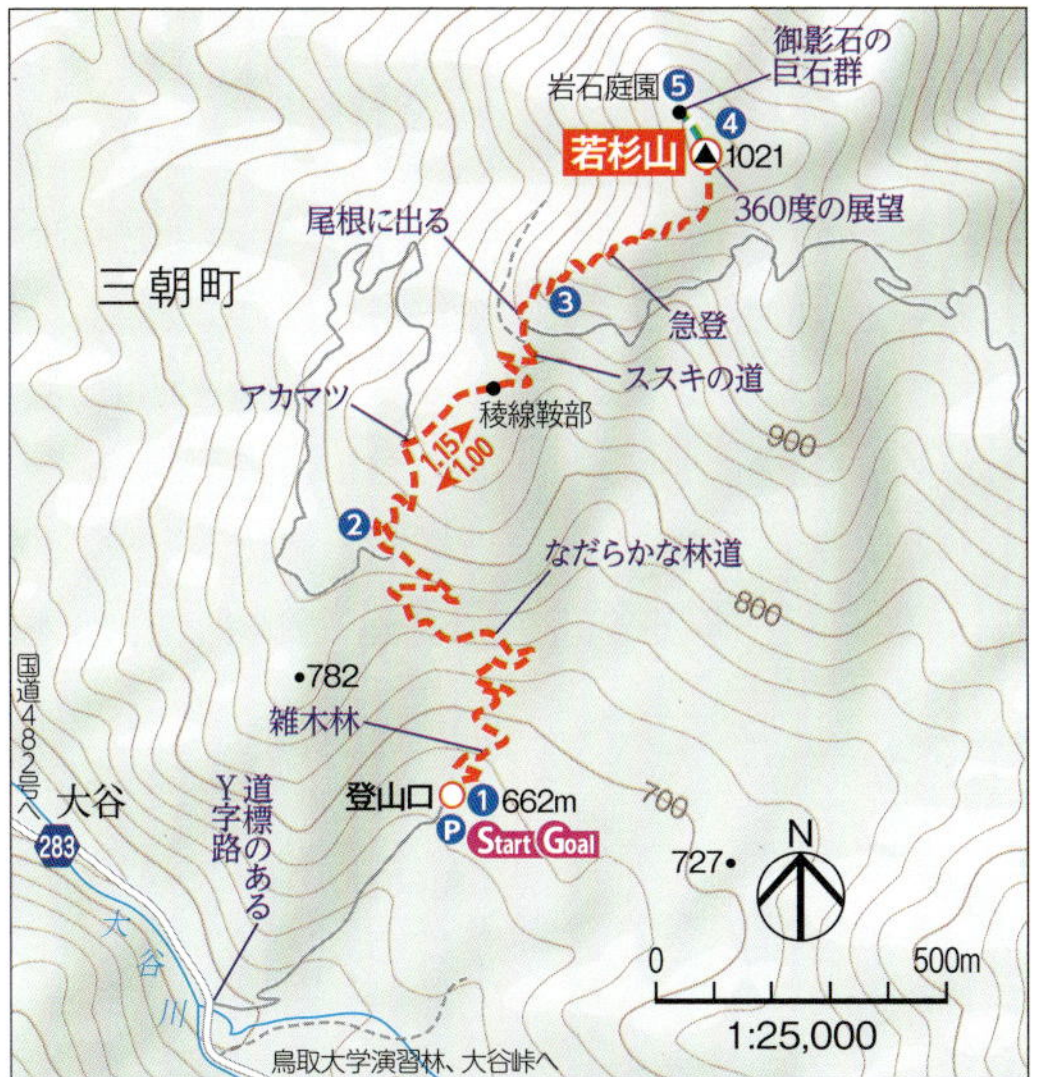

角点や山頂の標柱が立っている。展望は大変よく、蒜山三山や大山などが一望できる。

山頂から尾根道を西方向に数分下ると、御影石の巨石群がある。見る角度によっては、天空につくられた岩石庭園のようにも見える、何とも不思議な景色だ。若杉山で産する御影石は「青御影」ともよばれ、名湯・三朝温泉のシンボルである三朝大橋の母材として使用されていることで知られる。登山後に橋を眺めながら入浴するのも一興だ。

下山は往路を戻る。

晩秋の草地に咲くリンドウ

登山道途中から往路をふり返ると、中腹の草地の向こうに津黒山がそびえる

28

峠道からブナの自然林を訪ねる尾根道コース

鷲峰山

じゅぼうざん
921m

日帰り

歩行時間＝4時間5分
歩行距離＝6・5km

技術度

体力度

コース定数＝16

標高差＝331m

累積標高差 650m 650m

鳥取市鹿野町にあり、麓の浜村地内から見ると、鷲が大きく翼を広げたように見えることから鷲峰山とよばれている。この山にまつわる昔話は多いが、大山と鷲峰山が背比べをして、鷲峰山が勝った話はよく知られる。また、「昔々、鷲に乗った神様がこの山に降り立った」という伝説もある。

複数の登山道のうち、南面の森林公園コースを紹介しよう。

安蔵森林公園駐車場から舗装された散策路を上がると、途中に登山道入口が見える。登山道は樹林帯の中に続き、林床にはサンカヨウの群生も見られる。ホオノキやナラなどの森林の斜面を横切り、尾根伝いに下ると**安蔵峠**に着く。

安蔵峠から高圧線の鉄塔脇をすぎると、このコース最大の登りともいえる急登にさしかかる。横木渡しの階段道がジグザグに続く。急登を登り終えると、起伏のある尾根道に出る。初夏の頃には、ササユリやヤマツツジも見られる尾根道は、随所に横木渡しの階段道もある。途中、小さなピークや狭い尾根道があり、変化が楽しめる。

高度をかせぎながら尾根道を進むと、ブナの林立する斜面に着く。ここにも横木渡しの階段道が設置され、歩きやすいブナの林間道を登りきると、**鷲峰山**の山頂に着く。

麓の鹿野町広木地内から望む鷲峰山

鷲峰山のブナは登山者を魅了する

■鉄道・バス
往路・復路＝JR山陰本線・因美線鳥取駅からタクシーで安蔵森林公園へ。

■マイカー
森林公園コース＝鳥取市内から徳尾経由で県道281号に入り南下する。安蔵地内を通り越して直進。ふるさと林道に入るとやがて安蔵森林公園駐車場（無料）に着く。
サブコース＝鳥取市内から県道21号を鹿野経由で河内地内へ。河内地内から鷲峰山の道標にしたがい、道なりに農道を進むと登山口に着く。

■登山適期
4月下旬～11月下旬。安蔵森林公園から安蔵峠にかけて、サンカヨウ（花期5月上旬）が多い。紅葉は11月上旬頃。

■アドバイス
▽安蔵森林公園（☎0857・56・0888）はオートキャンプ場、バンガロー、多目的交流センター（宿泊施設）などを備えたプレイゾーン。鷲峰山の登山基地として利用できる。開園期間は4月10日～11月30日（期間中無休）。
▽河内コースでは、登山口の先に害獣防止柵が設置されている。出入りの際には開け閉めが必要。通過後は閉め忘れに注意したい。

■問合せ先
鳥取市鹿野町総合支所☎0857・

CHECK POINT

1 登山口の安蔵森林公園。管理棟のみやま荘（写真）を中心に、宿泊、オートキャンプ場などの利用が可能

▼

2 森林公園コースと河内コースとの分岐点となる安蔵峠の道標。古くから利用されてきた峠だ

▼

3 横木渡しの階段道。尾根道の随所に横木渡しの長い階段道が設置されている

▼

4 周囲を灌木に覆われた鷲峰山山頂。あずまや風の展望台から日本海や湖山池が望める

5 河内コースは谷筋の道だけにガレ場が多い。慎重に登っていこう。増水にも注意（サブコース）

山頂は、樹林帯に囲まれた円形の地形で、展望台を兼ねたあずまやがある。展望は東方に開け、展望台からは日本海や湖山池などが一望できる。2等三角点は、山頂広場の手前、登山道を数10メートル戻った位置にあるが、登山道脇だけに見落とすこともある。

下山は往路を戻る。

サブコース　鹿野町河内地内からの登山道として、河内コースがある。安蔵峠は鹿野から鳥取に向かう峠越えの山道として、古くから多くの人に親しまれてきた。

河内地内から農道を道なりに進むと、農道脇に**登山口**がある。谷川に沿って広国谷を上がる。小川と交差しながらガレ道を登り、谷合から離れて桧林の斜面を登ると、メインコースの**安蔵峠**に着く。

84・2011、鳥取市観光戦略課☎0857・22・8111、東部タクシー（鳥取駅）☎0857・28・3232

■2万5000分ノ1地形図
鹿野・岩坪

（左上）初夏に咲くヤマボウシ
（右上）あざやかな朱色が目立つヤマツツジ
（左下）サンカヨウの種子（6月）

29 摩尼山

まにさん
357m（最高点）

摩尼寺から摩尼伝説のロマンある山頂の大岩を目指す

日帰り

歩行時間＝1時間50分
歩行距離＝2・5km

技術度 ★☆☆☆☆
体力度 ★☆☆☆☆

コース定数＝7	
標高差＝185m	
累積標高差	↗225m ↘225m

↑地蔵群が並ぶ摩尼山山頂。シンボルの大岩は、摩尼山奥ノ院として、また帝釈天ゆかりの場所として崇められている

←摩尼山本殿。中世の頃は、他界信仰の霊地として栄えた

鳥取市に位置する摩尼山は、別名を喜見山（きけんざん）ともよばれている。開山は古く、平安時代初期（9世紀中頃）、慈覚法師（じかくほうし）とされる。麓の摩尼寺（でら）（天台宗（てんだい）、本尊は帝釈天（たいしゃくてん）・仏教における守護神のひとつ）は、霊場、札所として知られ、参拝を兼ねて訪れるハイカーも多い。山名は帝釈天ゆかりの「摩尼宝珠（ほうじゅ）」に由来すると推定される。

登山口は摩尼寺の奥にある。**門前**の参道から長い石段を上がると、**摩尼寺**に着く。寺に隣接する善光寺（ぜんこうじ）分院如来堂（にょらいどう）の回廊を渡るとその先に登山口があり、登山道は寺の境内の中に続いている。

急傾斜の岩場につくられた階段道を上がる。ステップが刻まれているが、慎重に足を運ぼう。地蔵群や小さな六角堂（ろっかく）をやりすごし、急傾斜の岩石帯も登り終えると**展望所**に着く。視界は北方に開けており、日本海や鳥取砂丘が一望できる。

■鉄道・バス
往路・復路＝JR山陰本線・因美線鳥取駅からタクシーで摩尼寺へ。

■マイカー
鳥取市内から国道9号を鳥取砂丘方向に進み、覚寺地内から県道224号に入る。摩尼山を示す道標もあり、わかりやすい。県道224号をそのまま進むと摩尼寺に着く。門前にある摩尼寺参拝者専用駐車場（無料）を借り受ける。

■登山適期
4月中旬〜11月上旬。日本海に近いことから、潮風ハイクなら5月と10月が歩きやすい。

■アドバイス
▽**摩尼山と摩尼寺**　宇宙の中心である須弥山（しゅみせん）の貴見城、摩尼殿に住む帝釈天が、摩尼宝珠（願いがかなう宝石）をもって、摩尼山の立岩に現れたとされる。そのため山頂周辺は摩尼寺の奥ノ院とされ、立岩は信仰の対象にもなっている。参拝時間は9時30分〜16時30分。
▽摩尼寺の参道脇にある門脇茶屋（☎0857・24・6630）は精進料理の店。この地に古くから伝わる山菜料理が自慢。山菜のほか、田楽、こんにゃく料理などを求めて訪れる人も多い。

■問合せ先
鳥取市観光案内所☎0857・22・3318、摩尼寺社務所☎0857

展望所をすぎると、ゆるやかな尾根道の登りにさしかかる。途中には、随所に札所めぐりの地蔵が立っている。赤土の露出した場所もあり、すべらないよう足もとに注意しながら登っていくと、Y字路の分岐点に着く。この分岐点にも、札所めぐりの地蔵群がある。

分岐点からは進路を右手にとる。桧の植林地を抜けて、雑木林に続くなだらかな林間道を登っていくと、やがて**摩尼山**の山頂にたどり着く。

山頂は、樹木が切り払われた平地のような場所で、先端部の一段高い丘のようなところに、地蔵群や巨大な立岩などが並び立つ。この立岩は、帝釈天降臨の場として崇められ、魔尼山信仰のシンボル的存在でもある。展望は西方に開けて、林間越しに日本海や因幡（いなば）の山並みが見える。

下山は往路を戻る。

・23・5300、東部タクシー（鳥取駅）☎0857・28・3232
■2万5000分ノ1地形図
浦富

展望所からは、鳥取砂丘や日本海が見渡せる。休憩ポイントとして最適な場所だ

CHECK POINT

1 摩尼山登山は、門前にある参道の階段登りから。階段脇には参拝ルートの絵地図などもありわかりやすい

2 善光寺分院如来堂の回廊を右手に回ると、登山道への入口がある

3 摩尼山六角堂。登山道脇に立つ六角屋根の小さな御堂

4 摩尼山登山道。照葉樹林の中に赤土の道が続く

5 ハイカーの安全を見守る御札めぐりの地蔵群。因幡の札所めぐりのひとつ

6 大岩のある山頂から見た、西側方向の風景

30

本陣山

ほんじんやま
251m

樗谿公園から戦国時代の歴史とロマンの散歩道で山頂へ

日帰り

歩行時間＝3時間25分
歩行距離＝6・6km

技術度
体力度

コース定数＝12
標高差＝245m
累積標高差 ↗359m ↘359m

鳥取市街の東にある本陣山は、戦国時代の天正9（1581）年夏、羽柴秀吉が鳥取城に攻めこんだ際、本陣が敷かれた場所として知られる。この山域一体は鳥取自然休養林でもあり、一般車通行禁止区域とされるため、健康ハイクや自転車の子どもたちなど大勢の人でにぎわいを見せる。隣接する久松山ほどの険しさはないので、気軽に訪れるハイカーも多い。登山口の樗谿公園から舗装された林道が、山頂まで続く。ここでは林道を利用したロードハイキングとして紹介しよう。

登山口は**樗谿公園**脇にある。公園脇の舗装された林道を道なりに進むと、林道脇に大宮池が見える。池を左手に見ながら、なだらかな道を上がっていく。しだいに傾斜の増す林道を上がると、やがてあずまやの建つ**1号休憩所**に着く。

1号休憩所をすぎると、急傾斜の登りにさしかかる。高度をかせぎながらS字カーブの道を登りきると、2号休憩所がある。ひと休みするのにちょうどよい場所だ。

2号休憩所をあとに、なだらかな尾根筋のような道をどんどん上がって高度をかせぐ。途中にある見晴らし峠や、その先の六角展望台を見ながら先に進む。さらに3号休憩所をやりすごして登りきると、**本陣山**の山頂にたどり着く。

平坦な広場のような山頂には、休憩用のベンチや無線中継基地が建ち並ぶ。太閤ヶ平ともよび親しまれている山頂の一角には、戦国

林道脇にある大宮池。静かな水面に山の景色が映る

山頂脇には、かつての本陣跡でもある土塁の遺構が残る

山頂近くの登山道から見た久松山

■鉄道・バス
往路・復路＝JR山陰本線・因美線鳥取駅から鳥取市100円循環バス「くる梨」号で樗谿公園・やまびこ館前へ。樗谿公園へ徒歩5分。

■マイカー
鳥取市街から県道184・323号交点の樗谿入口交差点へ。案内板にしたがい道なりに進むと、樗谿公園駐車場（無料）に着く。

■登山適期
通年。四季折々のハイクが楽しめる。4月になると周辺の山々にはコブシが咲き、花見ハイクもできる。

時代に築かれた本陣跡をしのばせる土塁（どるい）跡や曲輪（くるわ）（土や石で築いた囲い）などの遺構を見ることができる。展望は北西方向に開け、久松山や鳥取市内が一望できる。

下山は往路を戻る。

桜が咲く春の本陣山登山道。車道だが一般車は進入禁止なので、安心して歩くことができる

■アドバイス

▽**鳥取市歴史博物館・やまびこ館**　樗谿公園に隣接する歴史博物館。古代から江戸時代、現代にいたる鳥取の歴史や文化に関する物を常設展示。イベント等もある（☎0857・23・2140）。

▽**樗谿神社**　国の重要文化財に指定されている神社。慶安2（1649）年、初代鳥取藩主・池田光仲が祖父・徳川家康を祀るため、日光東照宮から分霊し創建した。当時は御宮（東照権現宮）とよばれ、藩内では最高の社格に位置づけられていた。

■問合せ先

鳥取市観光戦略課☎0857・22・8111、鳥取市観光案内所☎0857・22・3318、日ノ丸自動車鳥取営業部（バス）☎0857・22・5155、日本交通雲山バス営業課☎0857・23・1122（ともに鳥取市100円循環バス）

■2万5000分ノ1地形図

浦富・鳥取南部

CHECK POINT

1 登山口に隣接する「やまびこ館」の案内板。樗谿公園は、災害時の避難場所指定区域でもある

2 歩きはじめて約50分、林道脇に建つあずまや風の1号休憩所。健康ハイクのコースとして訪れる人も多い

3 1号休憩所から15分ほど登ると、ほほじろ台とよばれる2号休憩所がある

4 林道コース脇の一段高い場所にある六角展望台。丸太づくりで休憩ポイントとして利用できる

5 本陣山山頂。山頂部は広場のような場所で、周辺には数基の無線中継基地が建っている

31 稲葉山

いなばやま
249m

万葉の里を訪ねる歴史の散歩道は宮ノ下から

日帰り

歩行時間＝2時間10分
歩行距離＝7・1km

技術度
体力度

コース定数＝10
標高差＝220m
累積標高差 329m 329m

↑稲葉山の山頂風景。顕著なピークはなく、林道ウォークの最高点を頂とする

←宇倍神社の春の祭典。伝統的な御神輿が復活し、にぎわいを見せる

鳥取市に位置する稲葉山は、かつては古歌にも詠まれるなど古くから親しまれている里山。平安時代（758年）、因幡守として就任した大伴家持は万葉歌人として名高く、のち（855年）に、因幡国守に就任した在原行平が稲葉山を歌ったのはよく知られている。百人一首（16番歌）の中に「立別れ稲葉の山の峰に生うるまつとし聞かば今かえり来む」と歌われている。昔は、宇部野山、あるいは上野山ともよばれていた。麓には宇倍神社や、万葉歌人を記念した因幡万葉歴史館などがある。

ここでは、南面の宇倍神社を起点に林道を上がって山頂に立つ、ロードハイキングを紹介する。

登山口は宇倍神社脇にあり、舗装された林道を上がる。しばらく行くと、七宝水とよばれる水場に着く。水場を見ながらなだらかな坂道を上がり、途中からはS字カーブの続く坂道になる。

コナラやカエデなどの雑木林をどんどん上がっていくと、なだらかな地形が広がる畑地の場所に出

林道脇にある「七宝水の水場」。季節により水量変化がある

■**鉄道・バス**
往路・復路＝JR山陰本線・因美線鳥取駅から日ノ丸自動車バス中河原行きで宮ノ下へ。宇倍神社脇の登山口まで行く（徒歩5分）。

■**マイカー**
鳥取市街から県道31号を国府町雨滝（あめだき）方向に宮ノ下地内まで行く。駐車は、宇倍神社に隣接する宮下地区公民館の駐車場（無料）を借り受ける。

■**登山適期**
通年。4月から5月にかけて雑木林

鳥取市
稲葉山 ▲249
林道の最高所をピークとする
在原行平ゆかりの地を記した案内板 ④
中国自然歩道
畑地を抜ける
③ 桜並木
雑木林
1.10 1.00
② 七宝水
① 宇倍神社
Start Goal
登山口 21m
宮下地区公民館
宮ノ下小
宮ノ下バス停
鳥取藩主池田家墓所
伊福吉部徳足比売墓跡
国府町奥谷
滝山
上野
岩美駅へ
鳥取駅へ
鳥取市街へ
因幡万葉歴史館へ
JR山陰本線
町屋
袋川
1:25,000

CHECK POINT

稲葉山へは、南麓の因幡一ノ宮・宇倍神社裏手の林道から上がる

七宝水をすぎ、稲葉山ロードコースを上がっていく。山頂へは残り2㌔ほど

林道周辺は山林や畑地などの私有地があり、通行の際は配慮も必要だ

山頂に近い林道脇に立つ、在原行平の詠んだ歌を記した案内板

る。春には花見もできそうな桜並木を見ながら、正面に見える山頂を目指す。舗装道は畑地のある地点で終わり、この先は小石混じりの山道に変わる。

なだらかな畑地をすぎると、S字カーブの登り道になる。途中には、在原行平ゆかりの地を記した案内板などがある。歴史のロマンを肌で感じながら林道を歩いていくと、やがて**稲葉山**の山頂にたどり着く。

山頂はなだらかな丘のような地形で、ピーク地点から先は下り坂の林道が続く。とくに山頂を示す道標はなく、林道のピーク点を山頂と見定めている。展望は、北西方向に開けて、木々の間から久松山や本陣山などが見てとれる。

帰りは、来た道を引き返す。

の新緑も風情がある。

■**アドバイス**

▽**宇倍神社** 因幡一ノ宮で、祭神は武内宿祢（たけのうちのすくね）。大正、昭和時代の1円紙幣、5円紙幣のデザインに使用された。毎年4月21日の大祭には麒麟獅子舞が奉納される。

宇倍神社の麒麟獅子舞。麒麟獅子は、鳥取・因幡地方の伝統的な獅子舞で、一角獅子が特徴

▽**因幡万葉歴史館** 奈良時代から平安時代にかけて、国府町に国府がおかれていたこともあり、ゆかりの深い大伴家持など万葉歌人の資料を展示した歴史資料館（☎0857・26・1780）。

■**問合せ先**

鳥取市観光戦略課☎0857・22・8111、鳥取市国府町総合支所☎0857・39・0555、鳥取市観光案内所☎0857・22・3318、日ノ丸自動車鳥取営業部（バス）☎0857・22・5155

■**2万5000分ノ1地形図**

稲葉山

32 照葉樹の森から頂の展望台を目指して久松公園から

久松山

きゅうしょうざん 263m

日帰り

歩行時間＝2時間20分
歩行距離＝2・5km

技術度 ■□□□□
体力度 ■□□□□

コース定数	=8
標高差	=259m
累積標高差	↗273m ↘273m

鳥取市の久松山は、鳥取藩池田家の居城として知られているが、室町時代後期に山城として築かれたのがはじまりとされる。地質的には、花崗岩でできた岩山である。浸食の進んだ山容は、こんもりとしたおむすび形に見えるが、その斜面は急勾配をなし、天然の要塞を形成する。そのような地形的条件も相まって、かつての鳥取城は難攻不落の山城として名を馳せた。市街地に隣接し山頂からの眺めもよいことから、手軽に登れる山として訪れるハイカーも多い。

麓には、桜の名所でもある久松公園や県立博物館、洋風建築の仁風閣などが隣接する。

西町バス停から**久松公園駐車場**を経て、久松公園二ノ丸跡にある**稲荷神社**（赤い鳥居が目印）へ。「中坂道コース」と書かれた道標がある神社脇から、いきなり急勾配の石段登りとなる。登山道脇には一合目、二合目と合数が書かれた標識があり、行程の目安にしながら登っていく。

登山道はスダジイやヤブツバキなどの照葉樹林の中にあり、急な石組みの階段がジグザグに続く。市街地の喧騒を聞きながら登っていくと、やがて五合目となる**久松中坂大権現**の社の建つ地点に着く。この社は中坂稲荷社ともよばれ、鳥取城の時代から城内鎮座のお稲荷さんとして崇められてきた。

五合目をすぎると、傾斜が一段

↑麓の久松公園から見た久松山。久松公園には鳥取城のお堀の一部が残っている

←桜に彩られる久松山の山頂。三角点は北端にある

■鉄道・バス
往路・復路＝JR山陰本線・因美線鳥取駅から日ノ丸自動車バス、日本交通バスで西町へ。

■マイカー
鳥取市街から国道53号鳥取城跡交差点へ。「久松公園」を示す案内板にしたがい久松公園駐車場（無料）へ。

■登山適期
通年。

■アドバイス
▽**鳥取城と久松山**　久松山は、古くは旧城山とよばれていた。山頂に城が築かれたのは、天文14（1545）年、山名誠通によるとされる。当時は布施にあった天神山城の出城であったが、天正元（1573）年、山名豊国によって因幡の本城とされた。戦国時代は難攻不落の山城として知られたが、安土桃山時代に入ると、羽柴秀吉の毛利攻略がはじまり、毛利方にいた山名の鳥取城が2度に

CHECK POINT

久松公園は桜の名所で、春は花見をする人でにぎわいを見せる

▼

かつての鳥取城の櫓跡や二ノ丸跡を抜けると、登山口となる稲荷神社に出る。赤い鳥居が目印だ

▼

各所に合目表示があるので、登る際の目印となる（写真は二合目）

▼

シイやヤブツバキなどの照葉樹林の道を登ると、久松中坂大権現がある。ここが五合目だ

▼

九合目をすぎ、城跡の石垣が見えると山頂はもうすぐだ

と険しくなる。濡れた石段などはすべりやすいので、足もとに注意しながら慎重に登る。九合目にさしかかると照葉樹林が途切れ、竹林が目立つようになる。小さな水場をすぎ、城跡の石段を登りきると、**久松山**の山頂にたどり着く。

4等三角点のある山頂には休憩小屋の建つ山上ノ丸（二ノ丸跡）と、展望台でもある本丸跡がある。展望台からは日本海や鳥取砂丘をはじめ、眼下に鳥取市街地などが一望できる。

下山は往路を戻る。

展望台となっている本丸跡からの鳥取市街と日本海の眺め

渡り攻めこまれた。秀吉の兵糧攻めに遭い、天正9年10月25日、ついに落城。城主は宮部氏に変わり、さらに元和3（1617）年、池田光政の居城となる。明治維新後（明治12年）、鳥取城は解体された。

かつての城跡の名残を感じさせる石組みの階段道（天球丸跡付近）

■**問合せ先**
鳥取市観光戦略課☎0857・22・8111、鳥取市観光案内所☎0857・22・3318、日ノ丸自動車鳥取営業部（バス）☎0857・22・5155、日本交通雲山バス営業課☎0857・23・1122

■**2万5000分ノ1地形図**
鳥取北部

33

浦富海岸

潮風を受けながら、変化に富んだ海岸遊歩

うらどめかいがん

90m（網代埼灯台）

日帰り

コース① 歩行時間＝1時間50分 歩行距離＝3.2km

コース② 歩行時間＝1時間22分 歩行距離＝1.7km

コース③ 歩行時間＝10分 歩行距離＝0.6km

技術度 体力度

コース定数＝①8 ②5 ③1

標高差＝①66m ②51m ③37m

累積標高差	登り	下り
①	326m	326m
②	122m	122m
③	50m	50m

岩美（いわみ）町にあり、日本海に面する浦富海岸は、浸食の激しい花崗岩（かこうがん）で形成された断崖奇岩や大小の島々からなる海岸景勝地として知られる。近年、山陰（さんいん）海岸ジオパーク（世界的に貴重な自然公園）に認定され、海岸美を求めて訪れるハイカーも多い。ここでは、海岸線に沿って設けられた遊歩道を歩く、散策コースを紹介しよう。

←網代休憩所。眼下に広がる海岸線と、せり立つ島々や青い日本海のコントラストが美しい（網代港コース）

←尾根道にひときわ白く目立つ網代埼灯台（網代港コース）

コース①網代港コース

網代（あじろ）バス停から漁港沿いの車道を進むと、**遊歩道入口**がある。道標や案内板もあり、わかりやすい。

入口から階段道を登っていき、分岐点から道なりに進むと、千貫松島（せんがんまつしま）が見下ろせる展望台にたどり着く。その先のベンチのある分岐から尾根道をたどると、浸食海岸の観音浦（かんのんうら）を望む網代展望台がある。

展望台から尾根道をたどると、やがて木組みの階段道にさしかかる。急傾斜につくられた

■鉄道・バス

コース①往路・復路＝JR山陰本線岩美駅から日本交通バス岩美・岩井線で網代へ。またはJR山陰本線鳥取駅から日本交通バス岩美・岩井線で網代へ。

コース②往路・復路＝岩美駅から岩美町営バス田後・陸上線で田後へ。城原海岸遊歩道入口へは徒歩約20分。または岩美駅からタクシーで城原海岸遊歩道入口へ。

コース③往路・復路＝コース①の網代バス停から鴨ヶ磯遊歩道入口へ徒歩約30分。または岩美駅からタクシーで鴨ヶ磯遊歩道入口へ。

■マイカー

駟馳山（しちやま）バイパス大谷ICから県道27号を道なりに進み、網代漁港へ。網代漁港内の駐車場（無料）を借り受ける（コース①）。網代漁港から県道155号を浦富方向に向かうと、途中の県道脇に鴨ヶ磯遊歩道入口（コース③）がある。さらに県道155号を東に進むと城原海岸駐車場に着く（コース②）。

■登山適期

4月〜12月上旬。10月には遊歩道脇の随所にツワブキの群落がある。

■アドバイス

▽**山陰海岸ジオパーク** 日本海に接する京都府、兵庫県、鳥取県にまたがる東西120㌔のエリアで、日本海形成から現在にいたるさまざまな

浦富海岸の絶景。浦富海岸の特徴は、海と山がともにつくり出した景観にある

階段道を登りきると、白色の**網代埼灯台**（塔高11㍍）に着く。ここがコースの最高点となる。

ひと休みして、横木渡しの急な階段を下る。やや起伏のある尾根道を歩いていくと、やがて日本海の大海原が一望できる網代休憩所に着く。休憩所から下り道を進み、白い波しぶきが立つ水尻洞門を経て断崖脇に設置された遊歩道を下りきると、**鴨ケ磯**とよばれる一面が砂浜の海岸にたどり着く。

帰りは往路を戻る。

コース②城原海岸コース

城原海岸駐車場から県道155号を西方向に歩くと、**城原海岸遊歩道入口**がある。ここから木組み階段を下ると、すぐに**城原海岸**に着く。城原海岸をあとに起伏のある尾根道を道なりに進んでいくと、**ロシア兵慰霊碑**の立つ、入江のような小さな砂浜の海岸にたどり着く。この砂浜の海岸を渡り終え、花崗岩の崖沿いの遊歩道を進むと、やがて波の打ち寄せる岩場に出る。岩場の先には、切り立った崖の縁に遊歩道が付けられている。

地形や地質が存在し、それらを背景とした生き物や人々の暮らし、文化・歴史にふれることができる地域を指す。特徴として4年ごとに審査がある。

▽浦富海岸遊歩道は、網代漁港と鴨ヶ磯、城原海岸を結ぶ遊歩道。時間や体力などを考慮して、コースを選択できる。

■問合せ先

岩美町商工観光課☎0857・73・1411、岩美町観光協会☎0857・72・3481、日本交通雲山バス営業課☎0857・23・1122、岩美町営バス☎0857・73・1412（岩美町企画財政課）、日本交通岩美営業所（タクシー）☎0857・72・1321

■2万5000分ノ1地形図

田後

鴨ヶ磯周辺は断崖の縁沿いを歩く。波の荒い日は要注意（城原海岸コース）

＊コース図は97ページを参照。

花崗岩の断崖を巻くように設置された遊歩道を渡りきると、**鴨ケ磯**の海岸にたどり着く。

帰りは往路を戻る。

コース③鴨ヶ磯コース

浦富海岸コースの中では、最短コースとして知られる。県道155号脇にある**鴨ヶ磯遊歩道入口**から木造の階段道を下り、網代港コースとの分岐点から遊歩道を東に進むと、ほどなく**鴨ヶ磯**に着く。

帰りは往路を戻る。

景勝地・鴨ヶ磯は花崗岩の断崖に囲まれた小さな砂と小石の海岸。小石と砂が入り混じり、波間に模様をかもしだす

CHECK POINT

コース①

網代遊歩道入口。網代港コースは網代港を起点とし、リアス海岸伝いに尾根道を経て、鴨ヶ磯へ

名勝・千貫松島。岩の上の松にほれこんだ、鳥取藩のとある城主の言葉が島の名前の由来

網代展望台。海岸から突き出したような位置にある展望台から、変化に富んだ海岸美が堪能できる

風と波がつくり出した絶景ポイント・水尻洞門。海岸浸食の景観が足もとに迫る

コース②

菜種五島を望む城原コースは、岩場の随所にクロマツが自生する、絵になる絶景も見逃せない

せり立つ岩山とクロマツと砂浜は、浦富海岸ならではの絶景。青い海の色は、青い空が反映したもの

日露戦争時に漂着したロシア兵の亡骸を、地元の人が手厚く葬った。その記念と平和を祈願した石柱が立つ

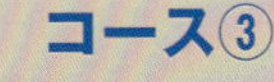

コース③

県道155号脇に鴨ヶ磯遊歩道の入口がある。車は、県道脇の退避スペースを借り受ける

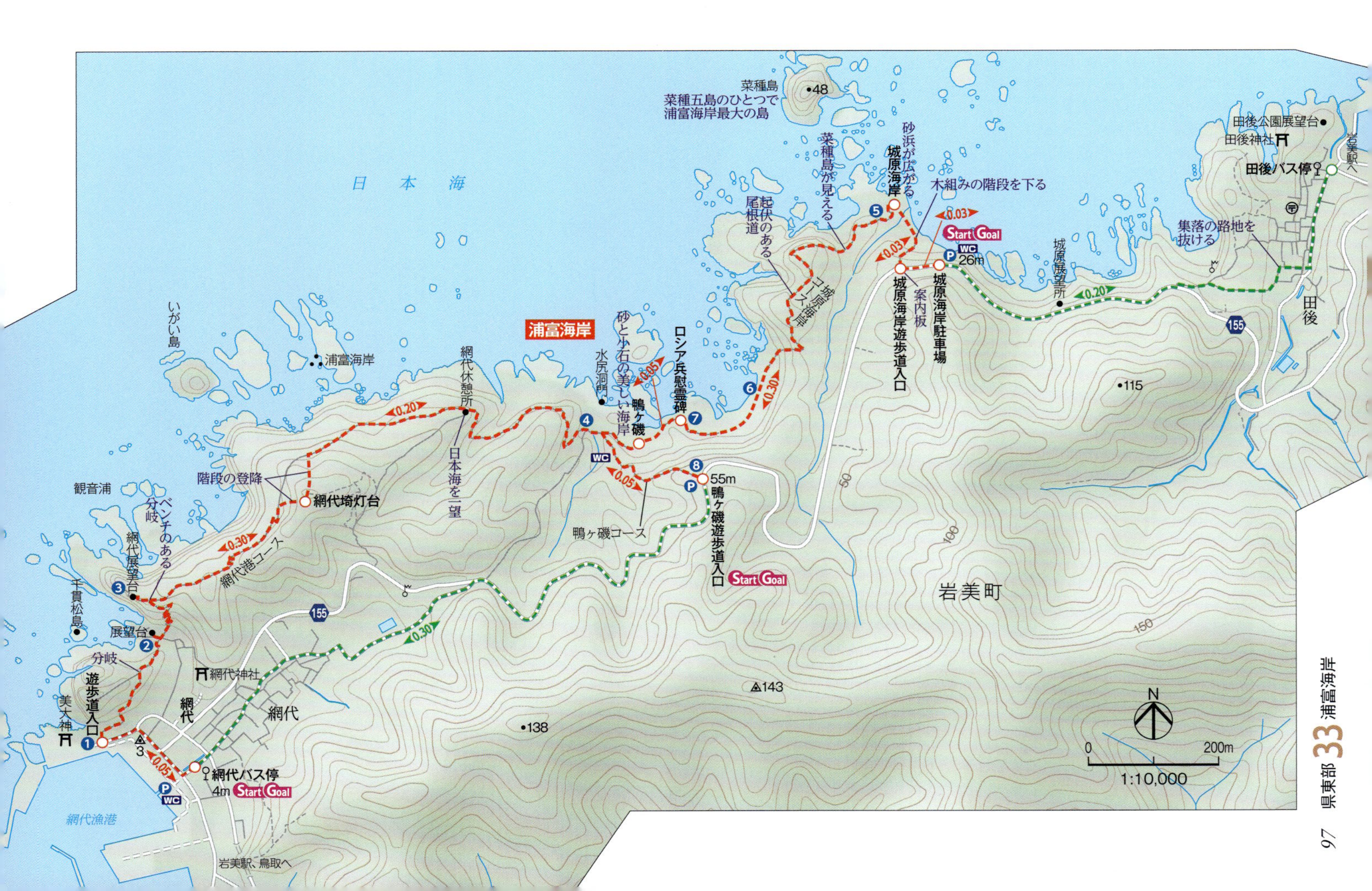

日本海
浦富海岸
菜種島
48
菜種五島のひとつで浦富海岸最大の島
田後公園展望台
田後神社
岩美駅へ
田後バス停
砂浜が広がる
城原海岸
菜種島が見える
木組みの階段を下る
起伏のある尾根道
城原海岸コース
0.03
Start Goal
26m
城原展望所
集落の路地を抜ける
田後
城原海岸遊歩道入口
案内板
城原海岸駐車場
0.20
155
115
いがい島
浦富海岸
網代休憩所
砂と小石の美しい海岸
水尻洞門
ロシア兵慰霊碑
鴨ヶ磯
0.05
0.30
0.20
日本海を一望
観音浦
階段の登降
網代埼灯台
ベンチのある分岐
網代展望台
網代港コース
鴨ヶ磯コース
55m
鴨ヶ磯遊歩道入口
Start Goal
50
100
150
岩美町
千貫松島
展望台
分岐
遊歩道入口
美大神
網代神社
網代
143
138
3
網代バス停
4m
Start Goal
網代漁港
岩美駅、鳥取へ
N
0
200m
1:10,000

34

中世の城跡を訪ねる史跡ハイクは高野坂古墳公園から

二上山

ふたがみやま
333m

日帰り

歩行時間＝2時間
歩行距離＝3・4㎞

技術度 体力度

コース定数＝8
標高差＝265m
累積標高差 ↗301m ↘301m

北麓の岩美町岩常地内から見た二上山

岩美町に位置する二上山は、南北朝時代中期（14世紀中頃）、因幡守の山名時氏がこの山に築城したことで知られる。当時は土台のない掘っ建て式の建築様式だったと推定される。また、城跡周辺には、砦の役目をもつ帯曲輪の遺構が残る。さらに山麓には、古墳数30基からなる高野坂古墳群（5世紀末から8世紀初）や高野坂古墳公園もあり、山城の史跡を訪ねて訪れるハイカーも多い。

高野坂古墳公園前から岩美広域農道脇の登山口へ。中国自然歩道の道標もあるので、すぐわかるだろう。

杉林の林間道に入り、杉林を抜けると谷筋の急な登りになる。ぬかるみのある急坂を登りきると、ヤブツバキの茂る雑木林に出る。なだらかな雑木林を道なりに進むと、杉や桧の林立する**峠の分岐点**に着く。この分岐点から道標にしたがい、二上山山頂に向かう。

雑木林の林間道を登る。ところどころに谷筋のぬかるんだ箇所もあるが、道そのものはわかりやすい。ぬかるみの谷筋を登りきると、尾根道に出る。照葉樹の茂る尾根道は、切り開かれて歩きやすい。谷筋から吹き上げる風はすがすがしく、快適に尾根道をたどる。

山頂からの風景。日本海と網代漁港が見える

山頂は山城跡だけに広場のような平地となっている

■鉄道・バス
往路・復路＝JR山陰本線岩美駅からタクシーで高野坂古墳公園へ。または岩美駅から岩美町営バスで高住橋へ。バス停から高野坂古墳公園へ徒歩約20分。

■マイカー
鳥取市内から駟馳山（しちやま）バイパス経由、岩美ICを経て国道9号小田入口交差点へ。県道37号を南下し、岩常地内の外れから岩美広域農道に入る。道なりに進むと高野坂古墳公園の駐車場（無料）に着く。案

CHECK POINT

1 広域農道脇の中国自然歩道入口。道標などがある

2 二上山に通じる峠の分岐点。登りはじめから約30分

3 峠の分岐点から雑木林の中の階段道を進む

4 山頂の城跡を記した案内板

やがて横木渡しの階段道にさしかかる。階段道は山頂に向かう急斜面につくられており、急がずマイペースで登っていくこと。照葉樹の茂る急階段を登りきると、やがて**二上山**山頂にたどり着く。

山頂は、広場のような地形をなし、通称一の平（いちなる）とよばれる。周辺に、石垣など山城の遺構を残している。展望は南北の2方向に開け、北方には日本海や網代（あじろ）の家並みが見下ろせ、南方には因幡の山並みを望める。

下山は往路を戻る。

山頂直下は照葉樹の茂った尾根道

登山道脇の往時をしのばせる石地蔵

内板やトイレなどがある。

■登山適期 4月中旬～12月上旬。雪解けの終わる早春から晩秋にかけて。肌寒い季節が低山の魅力だ。

■アドバイス ▽**二上山城の曲輪** 南北朝時代に約110年間続いたとされる山城で、帯曲輪とよばれる遺構が山中に残る。帯曲輪は、敵を迎え撃つ砦のような役目をもつ防御施設とされる。二上山城跡では、長いもので200メートルほどの帯曲輪が確認されている。▽高野坂古墳公園は、広域農道工事のために10号墳を移設・復元した古墳公園。遊歩道が設けられている。

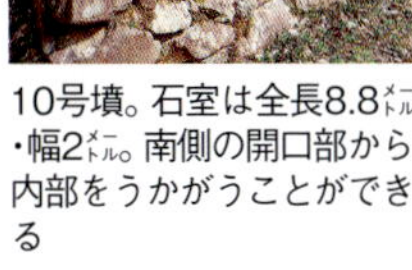
10号墳。石室は全長8.8メートル・幅2メートル。南側の開口部から内部をうかがうことができる

■問合せ先 岩美町商工観光課☎0857・73・1411、岩美町観光協会☎0857・72・3481、日本交通岩美営業所（タクシー）☎0857・72・1321、岩美町営バス☎0857・73・1412（岩美町企画財政課）

■2万5000分ノ1地形図 浦富

35 三角山
用瀬から流しびなの里が一望できる天空の展望台を目指す

日帰り

みすみやま
508m

歩行時間＝1時間37分
歩行距離＝1・7km

技術度 ▲▲
体力度 ♥

秋色の三角山（用瀬から）。名前通りの山容だ

鳥取市用瀬町（もちがせ）に位置する三角山は、その名の通り三角錐をした急傾斜の岩山で、別名、頭巾山（ときんやま）や宝積坊権現（ほうしゅくぼうごんげん）ともよばれている。麓の用瀬は、中世の頃から城下町として、そして江戸時代には用瀬宿として栄えた。用瀬の地名は、用瀬一族により、この地が切り開かれたことに由来する。また、流しびなの里として知られ、県の無形民俗文化財指定の「用瀬のひな送り」（旧暦3月3日）は、江戸時代から続くとされる流しびなの伝統行事が受け継がれている。三角山とその周辺の山々には、ミツバツツジの自生も多く、花の咲く5月になると、ツツジの花見を兼ねて訪れるハイカーも多い。

登山口は**三角山神社女人堂（にょにんどう）**脇にある。道標や案内板もあり、わかりやすい。女人堂をあとにして、花崗岩（かこう）の風化した砂礫質の急斜面を縫うように登る。随所に小刻みなステップが刻まれて歩きやすい。

途中にある**お城山（しろやま）への分岐点**をやりすごし、花崗岩の露出した道を登っていく。補助ロープも用意された箇所もある。急傾斜の花崗岩帯を登りきると、ベンチのある休憩所にたどり着く。

休憩所をあとにして、尾根道を登る。尾根道はしだいに傾斜を増す。登山道脇には「上二丁」と刻まれた古い石柱なども残り、往時がしのばれる。途中、**洗足山（せんぞくさん）への分岐点**を経て、急斜面をジグザグ

コース定数＝9

標高差＝322m

累積標高差 ↗331m ↘331m

■鉄道・バス
往路・復路＝JR因美線用瀬駅。駅前から商店街を道なりに歩き、三角山神社女人堂へ（約20分）。

■マイカー
鳥取道用瀬ICから国道53号を用瀬市街方面へ向かう。用瀬橋交差点から県道174号の商店街を道なりに進み、鳥取市用瀬支所へ。用瀬支所の駐車場を借り受ける。駐車場から三角山神社女人堂へは、徒歩20分ほど。

■登山適期
4月～12月中旬。ミツバツツジの開花は5月上旬。

■アドバイス
▽毎年旧暦3月3日、用瀬の流しびなが千代川の河川敷で催される。13時頃より、さまざまな神事のあとで子どもたちによる雛流しが行われ、地元をはじめ地域内外から大勢の人でにぎわう。

▽毎年7月23日は三角山神社の夏祭りが行われ、多くの参拝者が訪れる。

■問合せ先
鳥取市観光戦略課☎0857・22・8111、鳥取市用瀬町総合支所☎0858・87・2111

■2万5000分ノ1地形図
用瀬

山頂から見た景観。眼下に用瀬の町並みから佐治谷が見渡せる

CHECK POINT

1 三角山神社（猿田彦大神）女人堂。戦前まで三角山は女人禁制の山で、女性はここまでしか入ることができなかった

2 お城山分岐点。三角山登山道は神社の境内でもあり、この分岐点には本殿の神域（結界）を示す鳥居が建つ

3 花崗岩の岩場。足もとに注意しながら登っていこう

4 山頂の手前にある洗足山分岐点。三角山から洗足山一帯は「用瀬アルプス」ともよばれ、登山道の整備が進んでいる

5 三角山山頂に鎮座する三角山神社本殿（奥宮）。現在の三角山神社本殿は弘化2（1845）年4月に再建されたもの

6 旧暦3月3日に行われる用瀬の流しびな。用瀬駅の対岸にはひな人形の展示施設である「流しびなの館」がある

＊コース図は102ページを参照。

に登りきると、やがて**三角山**の山頂にたどり着く。

山頂は、花崗岩の巨石に覆われた狭い円形の地形で、中央部に三角山神社の本殿（奥宮）が鎮座する。周囲は切れ落ちた断崖の地形をなしている。展望は西方に開けており、眼下に用瀬の家並みや佐治谷などが一望できる。

下山は往路を戻る。

麓の用瀬市街から見た三角山

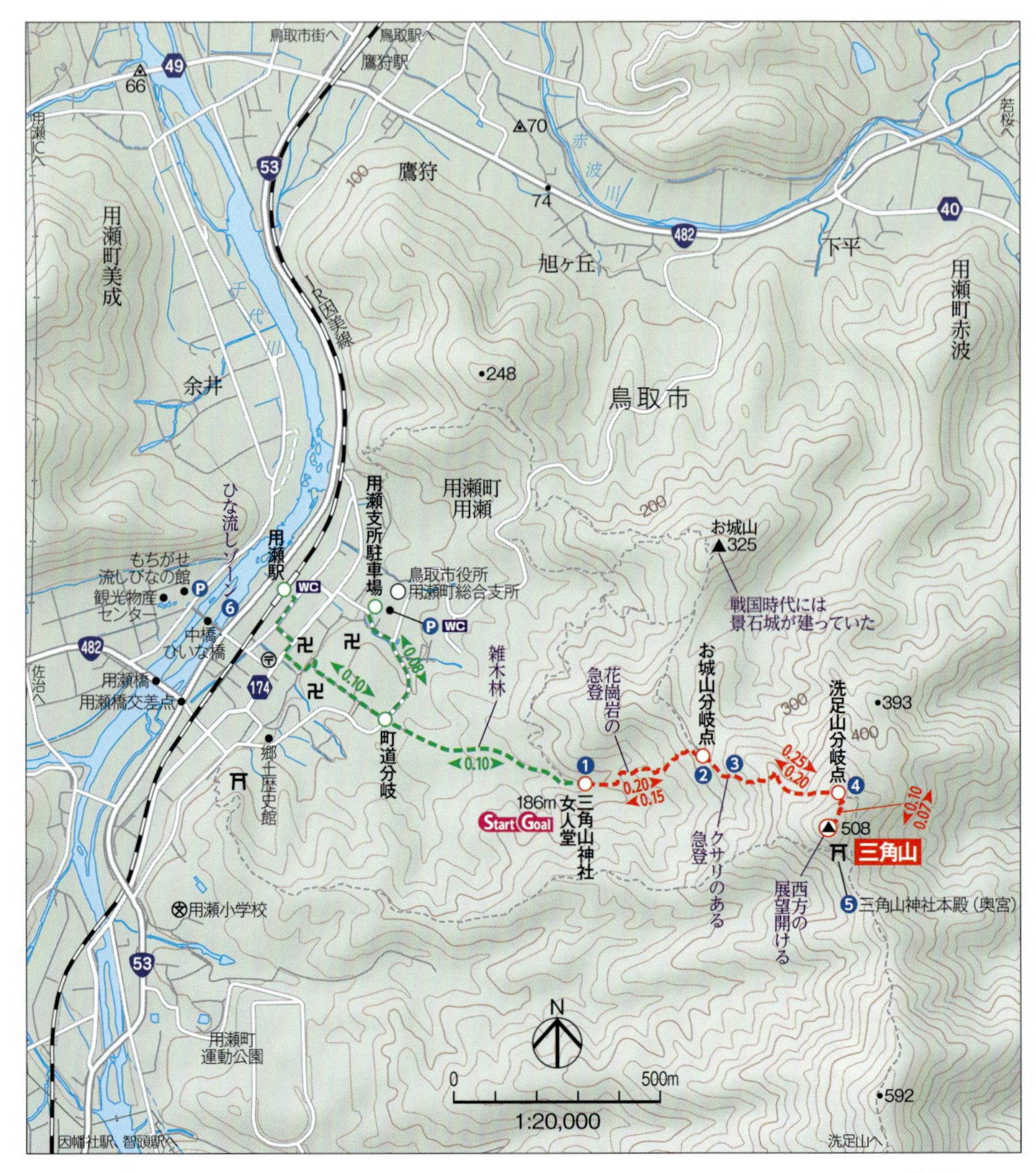

36

ハイカーを魅了する変化に富んだ用瀬の岩尾根歩き

洗足山

せんぞくさん
736m

日帰り

コース① 歩行時間＝3時間20分 歩行距離＝4・4km
コース② 歩行時間＝3時間15分 歩行距離＝3・8km
コース③ 歩行時間＝4時間30分 歩行距離＝5・1km

技術度
体力度

コース定数＝① **14** ② **13** ③ **17**

標高差＝①569m ②519m ③594m

累積標高差	登り	下り
①	628m	628m
②	562m	562m
③	715m	715m

流しびなの里として知られる鳥取市用瀬（もちがせ）町にある洗足山は、花崗（かこう）岩の岩山で表土が少ない特徴がある。山名は、その昔、弘法大師（こうぼうだいし）が諸国めぐりで用瀬の地を訪れた折、麓の滝で足を洗い身を清め、不動明王（ふどうみょうおう）を祀ったことに由来するとされる。山頂への登山道が近年、地元により開設された。通称「用瀬アルプス」とよび親しまれる変化のある岩尾根歩きを求め、多くのハイカーが訪れるようになった。

麓の金屋地内から見た洗足山

金屋コースの岩場に咲くミツバツツジ

コース①金屋コース

用瀬町金屋（かなや）地内に、洗足山登山口を示す道標がある。これにしたがい、大堰堤の**駐車地点**から林道をたどると**登山口**にたどり着く。

登山道に入り、杉の林間道を進む。杉林の斜面を登りきると、尾根に出る。尾根道には踏跡もあり、わかりやすい。コナラやリョウブ、アカマツなどの雑木林を登り、狭い尾根道をしばらくたどると、花崗岩の露出した岩壁が現れる。

道は、林間の尾根歩きから足場の悪いガレ場歩きに変わる。傾斜のある岩場歩きは、足場の狭い箇所もあり、慎重にたどっていく。ガレ場には随所にマーキングがあり、登山道から外れることはない。

ガレ場をすぎ、立ちはだかるような岩壁の脇を登っていく。岩壁に沿って補助ロープもあり、心配なく歩ける。狭い道を慎重にたどり、その先のジグザグ道を登りきると**洗足山**の山頂に着く。山頂は、円形に切り開かれた平地の形状をなす。中央に1等三角点があり、展望は西方に180度開けている。

下山は往路を戻る。

コース②赤波コース

用瀬町内を流れる赤波（あがなみ）川沿いの県道を南下すると、道標と駐車スペースがある**登山口**に着く。赤波川は、水流の浸食によりできたさまざまな甌穴（おうけつ）がある景勝地として知られる。

登山口から谷川に沿って杉林を上がっていく。随所に目印となるポールが立っている。谷伝いの登山道は、しだいに尾根道の登りに変わる。切り開かれた尾根道は、やがて斜面に沿って続く。斜面のガレ場を渡りきると、やがて林間の尾根道になる。林間道を登っていくと、**三角山との分岐**に着く。

この分岐点から左手向きに登ると、展望台の地点に着く。さらに道なりに進み、金屋コースとの分岐をやりすごすと、まもなく**洗足山**の山頂に出る。

下山は往路を戻る。

用瀬の家並みを見下ろす赤波コース上部の展望台

コース③鳥居野コース

南西の鳥居野地内に、**洗足山登山口**の道標がある。道標にしたがい、畑地脇の山道を進む。畑地をすぎると、杉や桧の林間道になる。傾斜のある道をジグザグに登っていくと、尾根に出る。尾根道はコナラやリョウブ、アセビなどの雑木林で、二次林の林相を成す。5月にはミツバツツジも咲く。

高度を増すにしたがい花崗岩の露出が多くなり、岩石帯の尾根道も現れる。尾根道に枝道はなく、踏跡をたどる。中腹になると、ゴヨウマツが目立ちはじめる。岩石の露出する尾根道を登っていくと、やがて**鬼の洗濯板**とよばれる一枚岩の上に出る。見晴らしもよく、一服するのにちょうどよい。

鬼の洗濯板をあとに狭い尾根道をたどると、**尾根筋の分岐点**に着く。この分岐点から道標にしたがい、洗足山を目指す。桧林のピークを越して斜面を下ると、やがて**洗足山**の山頂にたどり着く。

下山は往路を戻る。

登山者が集う洗足山山頂。展望は西側が開ける

■鉄道・バス

往路・復路＝JR因美線用瀬駅からタクシー（要予約）で各登山口へ。

■マイカー

コース①＝鳥取道用瀬ICから国道53号を南下し、金屋地内へ。洗足山登山口を示す道標にしたがい道なりに進む。駐車は、林道脇の空き地を借り受ける。

コース②＝用瀬ICから国道482号、県道40・48号を赤波川沿いに進み登山口へ。駐車は、県道脇の空き地を借り受ける。

コース③＝用瀬ICから国道53号を南下し、鳥居野地内へ。洗足山登山口を示す道標にしたがい道なりに進む。駐車は、農道脇の空き地を借り受ける。

■登山適期

4月下旬～11月下旬。残雪の消える4月中旬頃から登山可能。5月の新緑とミツバツツジの頃が最適な季節といえる。ススキが茂りはじめると台地散策が難しくなる。

鳥居野コースのミツバツツジ。開花は5月上旬頃

麓の用瀬地内から見た洗足山

ゴヨウマツは中腹に多く自生する（鳥居野コース）

用瀬の観光スポット・赤波川甌穴の案内板（赤波コース）

■アドバイス

▽洗足山は花崗岩の岩山で、風化により表土は薄く、樹木の密度は比較的薄い。林相はかつての里山を思わせる。中腹にはゴヨウマツの自生地がある。

▽金屋コースは花崗岩の露出地帯の通過がポイント。ガレの斜面はどこでも登れそうに見えるが、足もとが不安定だ。登山道から外れないこと。

▽赤波コースは、林間とガレ場斜面とが交差し、登山道の見極めが必要となる。健脚者向きコースだ。

赤波コースのガレ場。道が途切れたように見えるが、両端に道が続いている。地形をよく見るのがポイント

▽マイクロバス、大型バス利用の場合は、用瀬町内の社地区公民館の駐車場の利用ができる。鳥居野登山口、金屋登山口まで徒歩で約20分の距離。

■問合せ先

鳥取市用瀬町総合支所☎0858・87・2111、大森タクシー（用瀬）☎0858・87・2831

■2万5000分ノ1地形図

智頭

＊コース図は107ジを参照。

CHECK POINT

コース①

金屋地内にある洗足山登山道の案内板。登山届を出し、林道を大堰堤方面へ上がっていく

金屋コース登山口。ここから杉の林間道を登っていく。表土が薄く、杉の植林は限定的だ

岩石の露出が点在する尾根道。コナラ、シラカシなどの雑木林は、かつての里山を彷彿とさせる

花崗岩の岩壁脇を沿うような、幅の狭い登山道。補助用のロープがあり、足場を確保しながら慎重に登る

コース②

赤波コース登山口。登山口から谷川沿いに登ると、杉の林間道になる。谷筋を交差しながら林間道は続く

補助ロープの張られた谷沿いの登山道

花崗岩の岩石が点在する尾根道は、切り開かれて歩きやすい

稜線上の三角山分岐。下山時は下る方向を間違えないようにしたい

コース③

鳥居野コース登山口。駐車スペースは、登山口前の農道を北に進んだ農道脇にある（登山届ポストあり）

尾根道は、風化した花崗岩が露出している。浮石は見られないが、足場をしっかり確認すること

鬼ノ洗濯板とよばれる絶景ポイント。足もとは切れ落ちた断崖の地形で、その先端に立つので要注意

尾根道の途中から見た洗足山の山頂部。花崗岩の山肌が洗足山の特徴だ

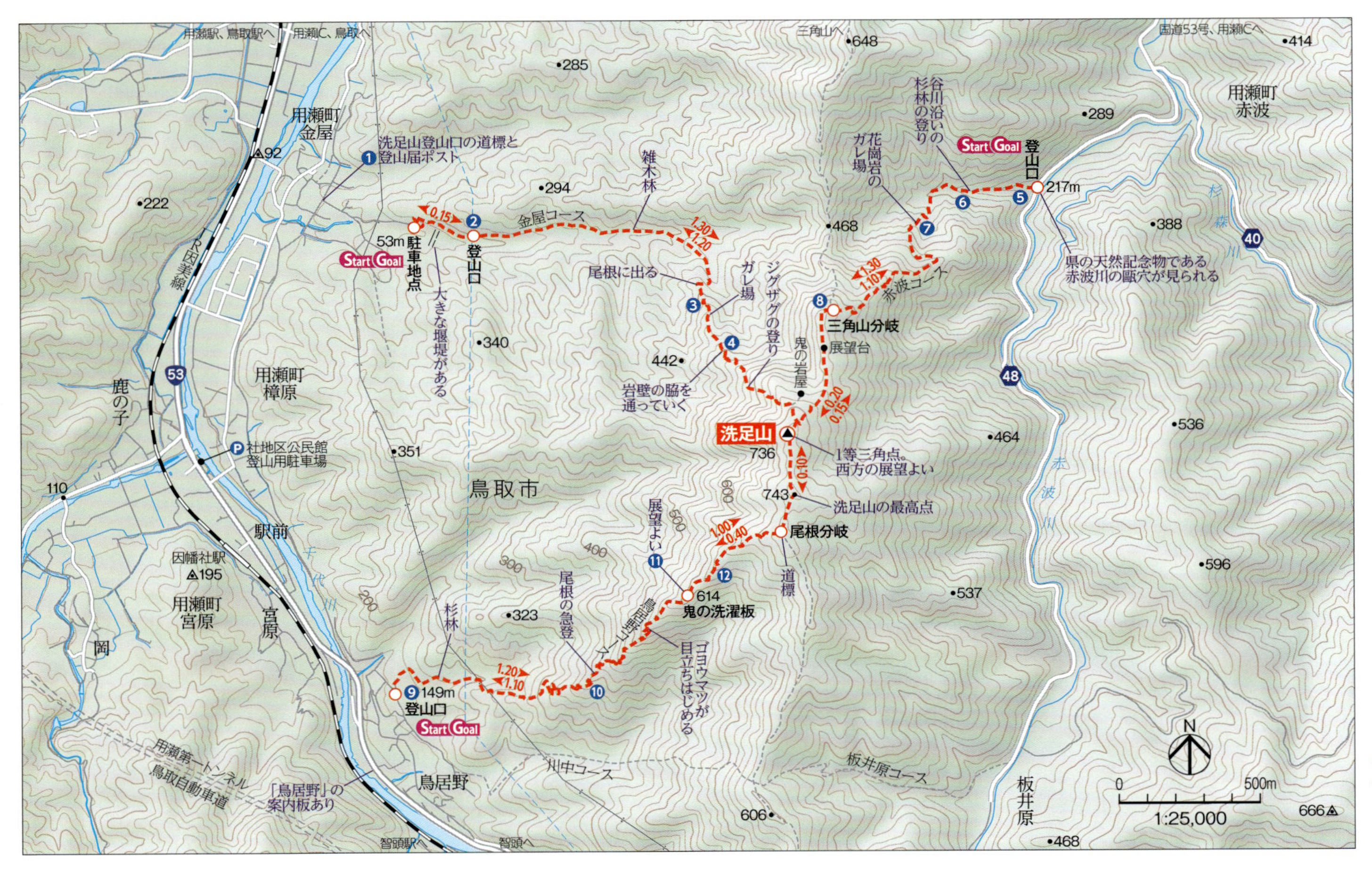

用瀬駅、鳥取駅へ
用瀬IC、鳥取へ
三角山へ
国道53号、用瀬ICへ
用瀬町 金屋
用瀬町 赤波
用瀬町 樟原
用瀬町 宮原
鹿の子
宮原
岡
駅前
因幡社駅
JR因美線
社地区公民館 登山用駐車場
洗足山登山口の道標と登山届ポスト
53m 駐車地点
大きな堰堤がある
登山口
金屋コース
雑木林
尾根に出る
ガレ場
ジグザグの登り
岩壁の脇を通っていく
鬼の岩屋
展望台
三角山分岐
赤波コース
花崗岩のガレ場
谷川沿いの杉林の登り
登山口
217m
県の天然記念物である赤波川の甌穴が見られる
洗足山
736
1等三角点。西方の展望よい
743
洗足山の最高点
尾根分岐
道標
展望よい
614
鬼の洗濯板
鳥居野コース
ゴヨウマツが目立ちはじめる
尾根の急登
杉林
149m
登山口
鳥取市
用瀬第一トンネル
鳥取自動車道
「鳥居野」の案内板あり
鳥居野
川中コース
板井原コース
板井原
智頭駅へ
智頭へ
1:25,000

37

芦津渓

V字渓谷と杉やブナの森林美が織りなす、いやしのハイク

日帰り

あしづけい
670m

歩行時間＝2時間
歩行距離＝3・0km

技術度
体力度

コース定数＝7
標高差＝33m
累積標高差 ↗203m ↘203m

智頭町に位置する芦津渓は、千代川の支流・北俣川の上流に位置する渓谷を指し、周辺の森林は、ブナや杉の自然林（混交林）で形成される。芦津渓遊歩道は、大正から昭和時代にかけて活躍した、沖ノ山森林鉄道の軌道跡を利用した遊歩道で、沖の山トンネル脇から三滝ダムまで約3キロの往復コースである。季節を通して、ブナや杉などの自然美を求めて、訪れるハイカーも多い。

↑三滝ダムの景観。北俣川上流の大川と小川をせき止めてできた水力発電用ダム

←三滝の景観。三滝（本滝とふたつの大滝）は季節によりさまざまに変化する

芦津渓谷の駐車場から10分ほどで沖の山トンネル脇にある**登山口**に出て、中国自然歩道となる遊歩道に入る。

遊歩道は、断崖とも思えるV字をなす谷筋の急斜面に沿って続く。対岸のブナや杉の自然林を見ながら歩いていくと、ベンチや案内板のある展望所に着く。このコースでは見晴らしの利く唯一の場所で、一服するのにちょうどよい。

展望所をすぎると、谷幅は一段と狭まる。カエデやナラなどの林間道に変わり、北俣川の瀬音を聞きながら歩いていくと、やがて**三滝**に着く。高さ21メートルの本滝に並行する大滝とからなり、水量により滝の流れが3本になることから、三滝とよばれている。三滝を見下ろす場所に三滝展望所があるが、木の葉越しに見るため、季節により滝の流れが見分けづらいこともある。12月に入ると落葉も相まって、周辺の見晴らしは一段とよい季節になる。

天然杉とブナなどがつくる森林美は、芦津渓ならではの風景

■鉄道・バス
登山に適した公共交通機関はない。

■マイカー
鳥取道智頭ICから国道53・373号で智頭町の郷原地内へ向かう。県道6号に入り、同町芦津から沖の山林道で芦津渓谷駐車場（無料）へ。

■登山適期
4月～12月上旬。常緑樹と落葉樹が織りなす季節の自然美が見どころ。

■アドバイス
▽**奥三滝自然林**　芦津渓から三滝ダ

CHECK POINT

芦津渓谷駐車場。駐車場にはトイレ付きの休憩小屋がある（冬期閉鎖）

沖の山林道の沖の山トンネル脇にある登山口

断崖に沿って森林軌道跡の道を歩く。次々に変化する景色も楽しみのひとつだ

登山道脇にあるあずまや。ひと休みするのにちょうどよい

三滝をあとに、断崖脇を大きく回りこむように歩いていく。谷幅はだんだんと広くなり、周囲の険しさもなく、開けた谷沿いの道に変わる。渓谷の河原と遊歩道との段差が小さくなり、河原に立ち寄ることもできる。ブナやミズナラなどの大木を見ながら歩いていくと、やがて**三滝ダム**にたどり着く。

帰りは往路を引き帰す。

麓の郷原地内に保存展示されているかつての森林鉄道気動車

登山道脇に見るトチの木。木の根元は変化に富んでいる

ムにかけての約90ヘクタールは、ブナやミズナラ、杉などの森林を長期的に保存し、森林の育成に役立てようとする特別指定区域・沖ノ山林木遺伝資源保存林とされている。これらの自然豊かな森林は、全国的に見ても数少ない場所のひとつとされ、貴重な地域として位置づけされている。樹齢2百年前後の巨木が特徴。

▽芦津は平安時代中期（940年）に、平貞盛によって討たれた平将門の一門、大呂（おおろ）、綾木（あやき）、寺内（てらうち）、中内（なかうち）の4氏が、落人として移り住んだとされる地。地区住民による自然保護活動もさかんに行われている。

▽芦津地区の上手に、山菜料理のみたき園（☎0858・75・3665）がある。

みたき園は茅葺屋敷で山菜料理が楽しめる。4月1日〜12月第1日曜営業

■**問合せ先**
智頭町企画課☎0858・75・4111、智頭町観光協会☎0858・76・1111

■**2万5000分ノ1地形図**
郷原

38 那岐山

神の宿る山へ、東西ふたつのコースで登る

なぎさん
1255m

日帰り

コース① 歩行時間＝3時間40分 歩行距離＝6・7km
コース② 歩行時間＝4時間45分 歩行距離＝10・8km

技術度 体力度
技術度 体力度

コース定数＝①16 ②22

標高差＝①647m ②647m

累積標高差 ①↗663m ↘663m ②↗942m ↘942m

↑那岐山のブナ林は、東仙コースに多く分布する。新緑、黄葉をはじめ四季折々のブナ林は登山者をなごませる

←稜線から山頂に向けて、なだらかな尾根が続いていく。このおおらかさが那岐山の特徴だ

智頭町に位置し、氷ノ山後山那岐山国定公園区域でもある那岐山は、古来よりイザ那岐、イザ那美の神が宿る山として知られる。昔は山頂に那岐大明神が祀られていたこともあり、地元ではナギノセンとよばれ親しまれる。

鳥取県と岡山県の県境でもある稜線はなだらかで、その稜線に突き上げる尾根筋には、シャクナゲやイワウチワなどの自生地がある。

登山コースは西仙コースと東仙コースがあるが、起点が同じなので、両コースをつないだ周回コースをとることもできる。

コース①西仙コース

登山口は、おおはた橋たもとの林道の交わるY字路の地点にある。道標や案内板が設置され、目印になる。

■**鉄道・バス**

往路・復路＝JR因美線・智頭急行智頭駅からタクシー（要予約）で登山口へ。

■**マイカー**

鳥取道智頭ICから国道53号を智頭町早瀬地内へ。那岐郵便局前のY字路から県道295号に入る。JR因美線沿いに県道を下宇塚地内まで行くと、因美線のガード下の先にあるY字路に「那岐山登山道」と書かれた道標が見える。道標にしたがい林道を道なりに進むと、おおはた橋の林道脇にある登山口に着く。駐車場はおおはた橋近くの空き地を借り受ける。

■**登山適期**

4月中旬～12月中旬。シャクナゲ、イワウチワは4月中旬～5月上旬。

■**アドバイス**

▽西仙コースは尾根ルートと渓流ルートがあり、季節により選択するとよい。馬ノ背のシャクナゲやイワウチワの開花時期なら尾根ルート、新緑の季節なら渓流ルート（渓流沿いにはシャクナゲなどの花木は見あたらない）。いずれも馬ノ背避難小屋で合流する。シャクナゲやイワウチワの開花は年により差がある。

■**問合せ先**

智頭町企画課☎0858・75・4111、智頭町観光協会☎0858・76・1111、鳥取自動車（タクシ

Y字路を、右手方向の西仙コースに入る。杉林の林間道をしばらく登ると、やがて西仙川にかかるゴーロ橋の手前にある**分岐点**に着く。道標もあり、わかりやすい。

杉林の中の山道を数分たどると、尾根コースと渓流コースとの分岐に着く。いずれの登山道も中腹の馬ノ背(うませ)避難小屋で合流する。ここでは尾根道をとり、馬ノ背に向かう（それぞれのコースについては「アドバイス」を参照）。

馬ノ背とよばれる傾斜のきつい尾根道の途中には、シャクナゲの自生地がある。シャクナゲを見ながら急傾斜の尾根道を登りきると、**馬ノ背避難小屋**に着く。

小屋をあとにして、コナラやリョウブなどの雑木林を登る。上部の灌木帯をすぎると、視界の開けたなだらかな県境の稜線に出る。

分岐を左にとり、那岐山の三角点と避難小屋がある尾根道を登ると、**那岐山**の山頂だ。

山頂は小高い丘のような地形で、中央に山頂を記した石碑が立っている。展望はすばらしく、360度のパノラマが楽しめる。下山は往路を戻る。

I・八頭町郡家）☎0858・73・0111
■2万5000分ノ1地形図
大背

CHECK POINT

コース①

西仙コース中の難所、通称・馬ノ背とよばれる急傾斜の尾根道。ストックはザックにしまい、両手を開けてよじ登るのがベスト

▼

シャクナゲの自然木は、馬ノ背避難小屋周辺に多く見られる。開花は4月下旬頃

▼

馬ノ背避難小屋は休憩ポイント、緊急避難所として利用できる。下手で分かれた尾根コースと渓流コースはここで再び合流する

▼

山頂近くにある避難小屋。天候急変時に心強い

北麓の那岐地内から見た那岐山。日本三百名山の一峰にふさわしい、堂々とした山容だ

馬ノ背をすぎると、雑木林の林間道になる（西仙コース）

コース②東仙コース

コース①と同じ**登山口**から道標にしたがい東仙コースに入り、林道をしばらく進むと、やがて道標のある**東仙コース登山口**に着く。

杉林の林間の道を登りきると、**国有林林道**に出る。分岐していく林道を横目に、林間に続く登山道へ入る。ナラやコナラなどの茂る林間は横木渡しの階段道が設けられ、登りやすい。

急傾斜の階段道を登りきると、尾根道の分岐点（**東仙分岐**）に出る。道標にしたがい右にとり、岡山県との県境でもある尾根道を登ると、**那岐山**の山頂にたどり着く。

CHECK POINT

コース②

5

おおはた橋手前の分岐先にある東仙・西仙コースへの入口。ここを起点に周回できる

6

国有林林道分岐の道標。コース中の随所に道標が設置されている

7

稜線上の東仙分岐。山頂へは0.6キロ、約25分の登りだ

↑東仙コースのイワウチワ。自生地は近年害獣被害もあり、保護活動が進んでいる

←那岐山山頂。展望は360度開け、県境の山並みや南面の日本原などが一望できる

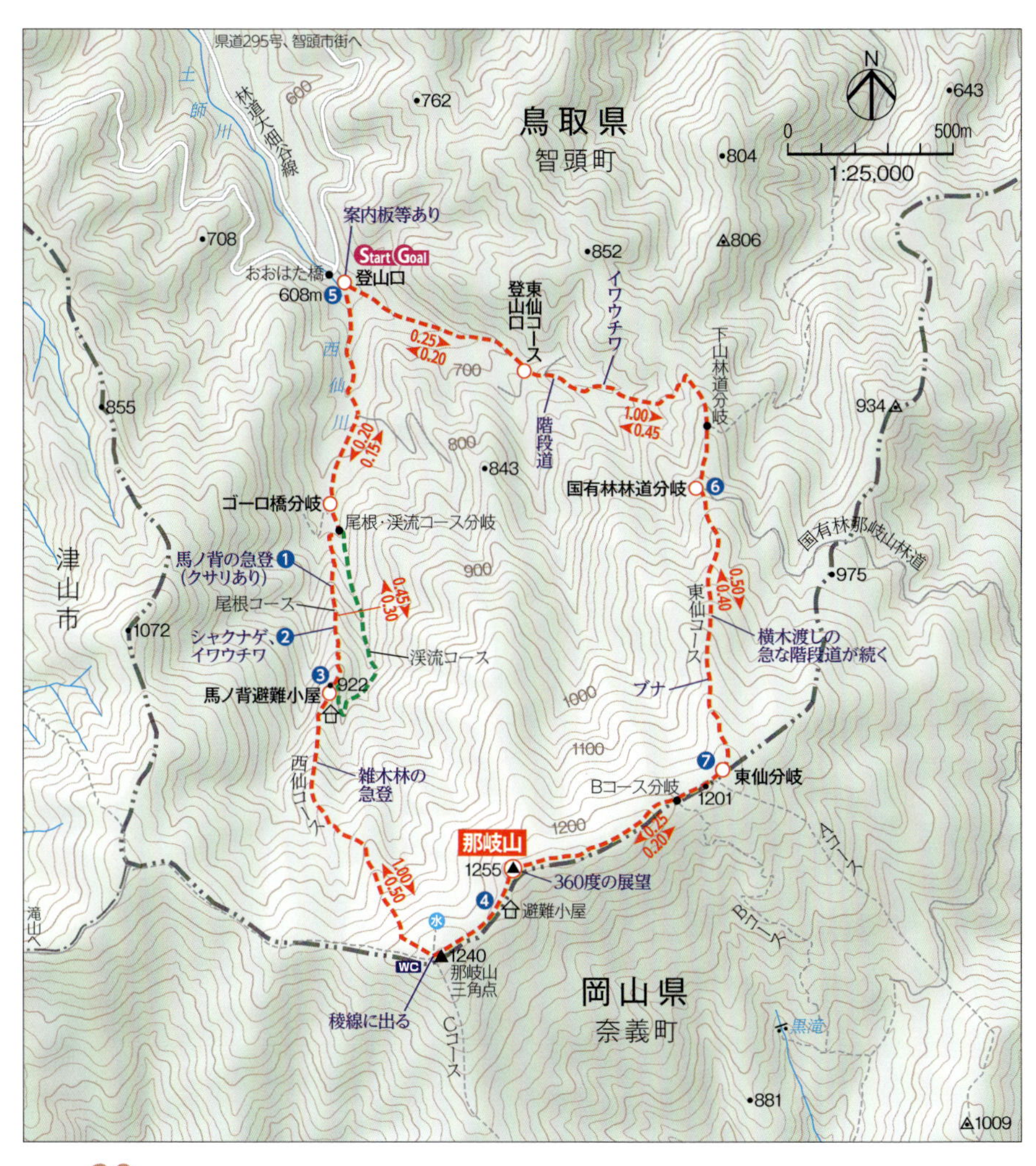

39

伯耆と但馬を結ぶかつての歴史街道を訪ねる

蒲生峠

がもうとうげ
347m

日帰り

歩行時間＝2時間
歩行距離＝5・5km

技術度

体力度

コース定数＝11	
標高差＝219m	
累積標高差	↗490m
	↘490m

岩美町に位置する蒲生峠は、古くから伯耆と但馬を結ぶ主要峠として知られる。戦国時代の羽柴秀吉の鳥取進攻時には、この峠を越えたともいわれている。明治時代に道路補修として敷かれた石畳の一部が今に残り、「歴史の道百選」のひとつとなっている。近年、麓に位置する岩美町神堀地内から県道119号上の蒲生峠まで峠越道（約3キロ）が整備され、散策路として訪れるハイカーも多い。ここでは、神堀地内からの往復コースを紹介しよう。

神堀バス停から国道9号に沿って歩道を道なりに進むと、田んぼ脇の農道に出る。

道脇の道標にしたがい国道下の農道を進むと、途中に蒲生峠越えを示す道標がある。道なりにしばらく舗装道を歩くと、やがて地道に変わる。道幅は車1台分ほどの広さがあり、歩きやすい。

杉林の中、ゆるやかな登りが続く。やがて石畳の残る地点に着く。この場所はゆるい登りカーブになっており、案内板が設置されている。明治時代に道路補修としてつくられた石畳らしいが、当時は荷馬車などが石畳ですべり、難儀した場所だったという。

石畳の地点をすぎると杉林が途

かつての峠越え道。昔の幹線道だけに道幅は広く歩きやすい

蒲生峠近くにある石柱。「山陰道蒲生峠越」と記されている

■鉄道・バス
往路・復路＝JR山陰本線岩美駅から日本交通バス蕪島行きで神堀へ。
■マイカー
鳥取市内から駟馳山バイパスを経て岩美ICへ。国道9号を蒲生地内まで行く。駐車は蒲生地内にある一寸法師の館の駐車場を借り受ける。神堀へは徒歩約10分。

切れ、ナラやカエデなどの雑木林に変わる。落葉の季節は明るい散策路として、サクサク、カサカサと落ち葉を踏みしめながら快適に歩けて楽しい。このあたりは鳥取と兵庫の県境でもあり、奥深い山並みを見ながら上がっていくと、やがて分岐点のある地点（**山ノ神**（やまのかみ）**分岐**）に着く。

この分岐点をやりすごし、雑木林の林間道を進む。ところどころにぬかるみもあるが、案ずるほどのことはない。S字カーブの杉林を抜けると、あずまやの建つ**蒲生峠**にたどり着く。蒲生峠は県道119号との合流点で、旅の安全を祈願した地蔵尊が立っている。

帰りは元来た道を戻る。

CHECK POINT

蒲生峠の麓にある神堀バス停。バス停から国道沿いに蒲生トンネル方向に進み、途中から農道に下ると蒲生峠越の案内板がある

蒲生峠越道に残る、かつての石畳を記した案内板。この石畳は、当時の痕跡が残る数少ない場所だ

蒲生峠越道脇にある、山ノ神地内への分岐点の道標

蒲生峠。旧国道の峠でもあることから、道路脇には旅の安全を祈願した地蔵尊などが置かれている

横尾の棚田。オーナー制が取り入れられて参加者も多い

■登山適期
4月から12月上旬。4月の早春から晩秋の頃など、落葉を踏みしめて歩ける季節がおすすめ。

■アドバイス
▽兵庫県温泉町千谷から鳥取県岩美町塩谷間を結ぶ幹線峠として知られた蒲生峠。かつては徒歩や馬車で越す山道だったが、明治時代に入り、蒲生峠から塩谷経由の国道（旧国道）が整備された。

国道9号から右下の農道に入った先にある蒲生峠越の案内板。内容を読んで出発しよう

▽**横尾の棚田**　蒲生峠の南西にある横尾地内に、日本の棚田百選のひとつ「横尾の棚田」がある。なだらかな斜面につくられた棚田は農道も整備され、棚田散策もできる。山間のビュースポットとして人気が高い。

■問合せ先
岩美町商工観光課☎0857・73・1411、日本交通雲山バス営業課☎0857・23・1122、日本交通岩美営業所（タクシー）☎0857・72・1321

■2万5000分ノ1地形図
湯

40 扇ノ山

おうぎのせん
1310m

ブナの自然林を訪ね歩く、3コースの森林ハイク

日帰り

コース①　歩行時間＝4時間　歩行距離＝7・4km　技術度　体力度
コース②　歩行時間＝2時間25分　歩行距離＝3・3km　技術度　体力度
コース③　歩行時間＝3時間14分　歩行距離＝6・4km　技術度　体力度

コース定数＝①17 ②10 ③11

標高差＝①629m ②414m ③265m

累積標高差
①↗722m ↘722m
②↗400m ↘400m
③↗348m ↘348m

↑河合谷コースのみごとなブナ。他のコースもブナが多い

←県下最大の放牧場・河合谷牧場の紅葉（河合谷コース）

鳥取市と八頭町、若桜町の境にある扇ノ山は、なだらかな稜線と深い渓谷を形成する山で、日本三百名山に選定されている。中腹には畑地が多く、高冷地野菜などの生産がさかんに行われている。山名は、山の形が扇を広げた形に似ることに由来する。

登山道は各町から複数あるが、ここでは八頭町側の2本（ふる里の森コース、姫路公園コース）と、鳥取市側の1本（河合谷コース）のコースを紹介しよう。

コース①ふる里の森コース

八東ふる里の森駐車場から林道河合谷線を歩く。左手に細見川の瀬音を聞きながら標高を上げていくと、**林道河合谷線との分岐点**となるY字路に着く。この分岐か

■鉄道・バス
登山に適した公共交通機関はない。

■マイカー
コース①＝鳥取市内から国道29号を南下。若桜鉄道丹比（たんぴ）駅の先で県道37号に入り、町道丹比縦貫線を経て、細見川沿いの林道河合谷線を八東ふる里の森の駐車場へ。
コース②＝鳥取市内から国道29号を南下。八頭町堀越地内で県道39号へ。県道282・37号を経て同町姫路地内へ。その先で林道河合谷線に入り登山口へ。
コース③＝鳥取市内から県道31号を進む。国府町雨滝（あめだき）経由で林道河合谷線に入り、水とふれあいの広場の駐車場へ。

■登山適期
4月下旬から12月上旬。新緑は5月中旬。紅葉は11月中旬。

■アドバイス
▽八東ふる里の森（☎0858・84・3799）は扇ノ山国有林内にある、面積19ヘクタールの多目的プレイゾーン。樹齢120年ほどのブナやミズナラなどの自然林に包まれ、また野鳥の生息地として知られる。利用期間は4月下旬〜11月末（コース①）。
▽安徳の里・姫路公園（☎0858・74・0302、期間中のみ）は、八頭町姫路地内に隣接するプレイゾーン。管理棟やキャンプ場、バーベキューハウス、テニスコート、自然

麓の国府町麻生地内から見た扇ノ山は、なだらかな稜線が特徴

ら、右手方向の林道（東因幡林道畑ケ平線）を直進する。S字カーブの林道を登ると、扇ノ山登山道の**登山口**に着く。コースの案内板などがあるので、わかりやすい。

道標にしたがい、沢筋に沿って登っていく。杉林を抜けてブナ林をしばらく登ると、やがて案内板などのある地点に着く。自然木のベンチもあり、一服するのにちょうどよい。ベンチのある地点をすぎ、ブナ林の中の急登をこなすと、**扇ノ山**の山頂にたどり着く。

山頂は円形をした平地で、中央に2等三角点がある。平地の脇に木造2階建ての避難小屋が建っている。展望は南方向に開けており、避難小屋の2階からは氷ノ山がよく見える。

帰りは往路を戻る。

コース②姫路公園コース

林道河合谷線脇にある**登山口**から、小さな沢筋沿いにしばらく進む。急傾斜に付けられた杉林の登りとなり、これを登りきると、ブナやコナラなどの雑木林に変わる。随所に現在の合目を記した標

食が評判の食堂・安徳の館などがある。5月下旬には、地元主催の山開き登山なども行われる。利用期間は4月下旬～11月末（コース②）。

▽北麓の雨滝地内にある雨滝は、扇ノ山に源流をもつ雨滝川の上流にある落差40メートルの名瀑。平成2（1990）年に、「日本の滝百選」に選ばれている（コース③）。

雨滝は滝の近くまで車で行けるので、下山後に立ち寄ってみよう

■問合せ先

八頭町八東庁舎☎0858・84・1222、八頭町観光協会☎0858・72・6007、鳥取市観光戦略課☎0857・22・8111、鳥取市観光案内所☎0857・22・3318、鳥取市国府町総合支所☎0857・39・0555、鳥取自動車（タクシー・八頭町郡家）☎0858・73・0111、日本交通鳥取営業所（タクシー・鳥取市）☎0857・26・6111

■2万5000分ノ1地形図

扇ノ山

＊コース図は120ページを参照。

姫路公園コース登山口近くの風の広場展望台から見た扇ノ山（中央右のピーク）

姫路公園コースのシンボル・檜蔵の岩頭。展望のよい場所だ

識が設置され、登山の目安になる。

　高度が増すにしたがい、ブナの大木が目立つようになる。登山道はしだいに尾根歩きとなり、急傾斜の尾根道を登っていくと、やがて**扇ノ山**の山頂に着く。

　帰りは往路を戻る。

コース③河合谷コース

　県営河合谷牧場を抜けて、林道河合谷線を進むと、駐車場がある**水とふれあいの広場**に着く。広場から林道を進むと林道脇に河合谷コースの**登山口**があり、ここから杉の林間道を登っていく。道はゆるやかな登りで、快適に歩ける。

　いくつかの分岐やブナの林を経て標高1273メートルの小ピークをすぎると、Y字路のある分岐点（**上地分岐**）に着く。この分岐点から道標にしたがい扇ノ山を目指す。

　分岐点から鞍部に下り、横木渡しの階段道を登りきると、やがて**扇ノ山**の山頂にたどり着く。

　帰りは往路を戻る。

灌木の中の扇ノ山山頂。円形の広場のような場所の一角にベンチなどがある

CHECK POINT

コース①

八東ふる里の森駐車場に立つふる里の森の案内板。ここから車道を1時間強歩いて登山口へ

林道歩きの途中からは、扇ノ山の山頂部が望まれる

東因幡林道上にあるふる里の森コースの登山口。大きなコースの案内板が目印だ

コース上部にある休憩所。ブナの説明板とベンチがある。この先は急登が続くので、ひと休みしていこう

コース②

山麓の姫路地内にある安徳の里・姫路公園。キャンプ場もあるので、前泊地として利用するのもよい

林道河合谷線の駐車スペースから2〜3分先にある姫路公園コースの登山口。山頂まで1時間半弱の登り

展望地の檜蔵がある六合目。コース中の各所に合目標識があるので、おおよその行程がつかめる

ブナ林の中の急な尾根道を登っていく

コース③

水とふれあいの広場駐車場から林道河合谷線をほんの数分歩くと、河合谷コースの登山口がある

ブナなどのなだらかな尾根道が続くが、脇道もあり、濃いガスが生じると方向を見失いやすいので注意

1273メートルピークを越えると、扇ノ山と上地からのコースが合流する。山頂へはまっすぐ進む

山頂に建つ避難小屋。2階からは、南東方向の氷ノ山の眺めが楽しめる

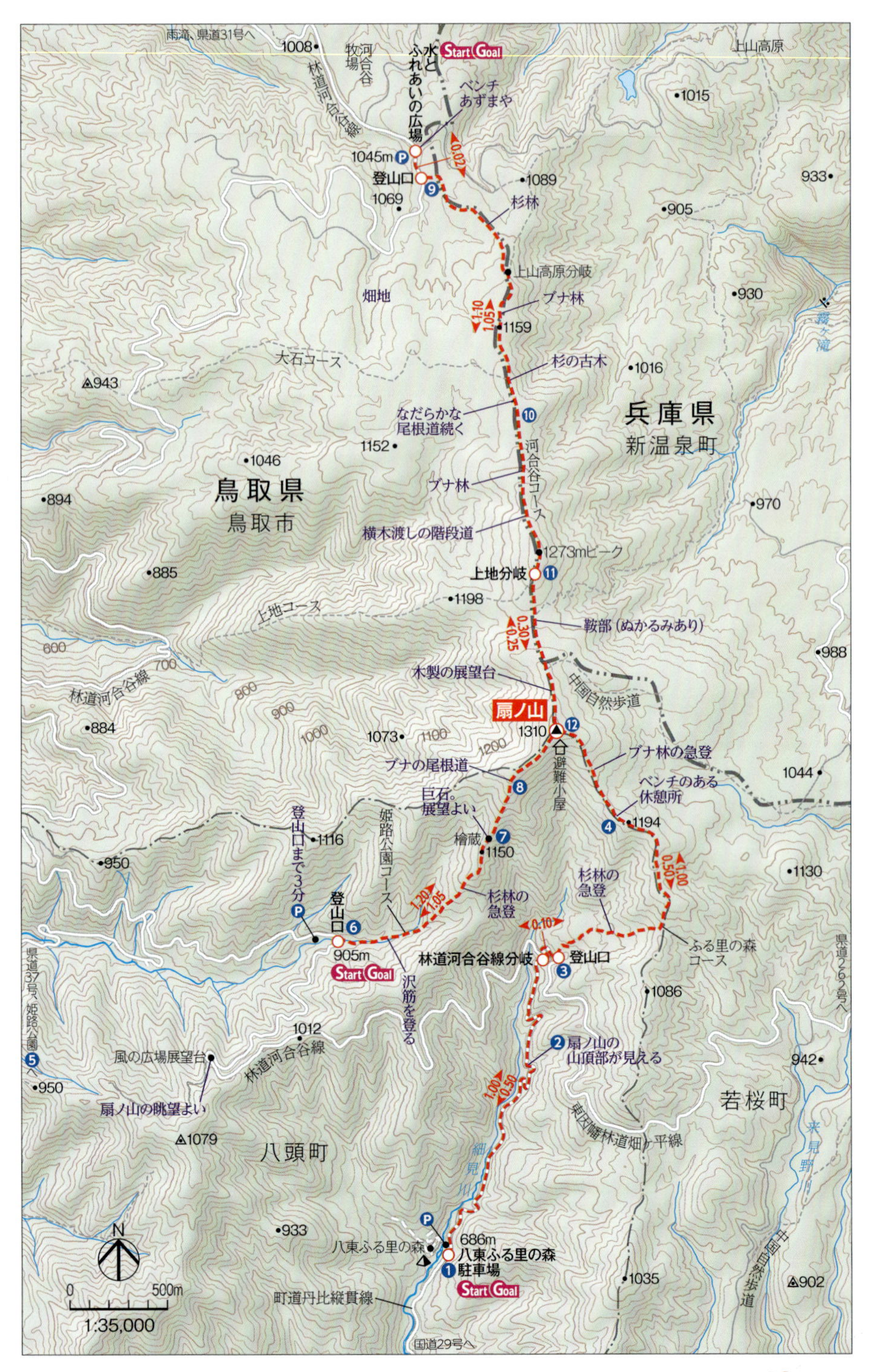

雨滝、県道31号へ
1008
林道河合谷線
牧場
河合谷
水とふれあいの広場
Start Goal
ベンチ
あずまや
上山高原
1015
1045m
0.02
登山口
9
1069
1089
933
杉林
905
上山高原分岐
畑地
ブナ林
1.10
1.05
1159
930
霧ヶ滝
大石コース
杉の古木
1016
943
なだらかな
尾根道続く
10
兵庫県
新温泉町
1152
河合谷コース
1046
鳥取県
鳥取市
ブナ林
894
970
横木渡しの階段道
1273mピーク
上地分岐
11
885
1198
上地コース
鞍部（ぬかるみあり）
0.30
0.25
988
600
700
林道河合谷線
木製の展望台
中国自然歩道
800
扇ノ山
900
884
1000
1073
1100
1310
12
避難小屋
1200
ブナ林の急登
1044
ブナの尾根道
8
ベンチのある
休憩所
巨石。
展望よい
4
1194
登山口まで3分
1116
姫路公園コース
7
檜蔵
1150
950
0.50
1.00
1130
杉林の
急登
1.20
1.05
杉林の
急登
P
登山口
6
0.10
905m
林道河合谷線分岐
登山口
3
ふる里の森
コース
Start Goal
県道37号、姫路公園へ
沢筋を登る
1086
県道262号へ
1012
2
扇ノ山の
山頂部が見える
風の広場展望台
林道河合谷線
5
942
950
1.00
0.50
扇ノ山の眺望よい
若桜町
1079
八頭町
細見川
来見野川
933
686m
八東ふる里の森
八東ふる里の森
1
駐車場
Start Goal
中国自然歩道
0
500m
1:35,000
1035
902
町道丹比縦貫線
国道29号へ

41

中国地方第2の高峰を氷ノ越から登る

氷ノ山① 氷ノ越コース

ひょうのせん ひょうのごえこーす
1510m

日帰り

歩行時間＝3時間40分
歩行距離＝6・7km

技術度
体力度

コース定数＝**16**	
標高差＝585m	
累積標高差	663m
	663m

西麓の若桜町春米（つくよね）地内から見た氷ノ山

氷ノ山山頂風景。山頂には避難小屋が建ち、三角屋根は頂のシンボル的存在でもある

若桜町にある氷ノ山は、大山（1729㍍）に次ぐ中国地方第2の高峰で、古くは須賀ノ山ともよばれていた。鳥取県と兵庫県との県境に位置し、氷ノ山後山那岐山国定公園の中心地をなす。登山道の途中には、かつて因幡と但馬を結ぶ御伊勢参りの峠として知られる氷ノ越がある。

ここでは、かつての峠から山頂を目指す、氷ノ越コースを紹介しよう。

登山口は氷ノ山キャンプ場脇にある。キャンプ場を出ると、害獣除けの柵がある。出入り用金具のフックを外し、登山道に入る（外したフックは元の位置に戻すのがマナー）。登山道は杉林の中にあり、昼なお暗い、ひんやりとした林間道を登っていく。

小さな沢筋をすぎて雑木林を抜けると、急傾斜の登りにさしかかる。夏場は紫のツリフネソウの群落も見られる急登をこなすと、稜線上の**氷ノ越**にたどり着く。三角屋根の避難小屋や道標のほかに、かつての参詣道の名残であろう、旅の安全を願うお地蔵さんも置かれている。

峠で一服したら、山頂に向かう尾根道をたどる。多少起伏のある尾根道には、ブナの自然林もある。ブナ林を見ながら登っていくと、やがて西からの仙谷コースが合流する、**仙谷分岐**に着く。

分岐の先に「こしき岩」とよばれる岩塊がある。こしき岩の巻道を回りこみ、横木渡しの階段道を

山頂直下にある「こしき岩」の岩塊

＊コース図は123㌻を参照。

↑山頂への尾根道から、なだらかな稜線が特徴の氷ノ山を望む。尾根道は、氷ノ山の山容がよく見える数少ないビューポイント

←氷ノ越〜仙谷分岐間のブナ林。新緑や黄葉の頃にぜひ登りたい

登りきると、**氷ノ山**の山頂にたどり着く。

山頂はなだらかな丘状の地形をなし、一帯はチシマザサに覆われている。中央には三角屋根が目印の避難小屋や1等三角点などがある。展望もよく、360度のパノラマが満喫できる。とくに空気の澄んだ日などは、兵庫県の六甲(ろっこう)から四国(しこく)の山々、大山などを望むこともできる。

下山は往路を戻る。

CHECK POINT

1

通年営業の宿泊施設・氷太くん。宿泊以外にレストランや体育館などがある

2

氷ノ山キャンプ場にある登山口。氷ノ山自然ふれあいの里バス停から徒歩15分

3

登山口先にある害獣防止柵は、出入口にフックがかけられている。フックを外したら元に戻すのがマナー

4

氷ノ越に立つ地蔵尊。登山者の安全を祈るかのようだ

5

氷ノ山登山道。氷ノ越から続く尾根道には、ブナも多い

6

仙谷分岐に立つ道標。氷ノ山スキー場からの仙谷コースはクサリ場などがある上級者向けコース

氷ノ越。かつての峠は鳥取・兵庫との県境をなし、四方へ登山道が分かれる

■**鉄道・バス**

往路・復路＝若桜鉄道若桜駅から若桜町営バス氷ノ山自然ふれあいの里行きで終点下車。バス停から登山口のあるわかさ氷ノ山キャンプ場までは徒歩約15分。

■**マイカー**

鳥取市内から、国道29号を若桜町へ。若桜地内から国道482号に入り道なりに進むと、わかさ氷ノ山キャンプ場の駐車場（無料）に着く。

■**登山適期**

残雪の消える5月中旬〜12月上旬。新緑は6月中旬。紅葉は10月下旬〜

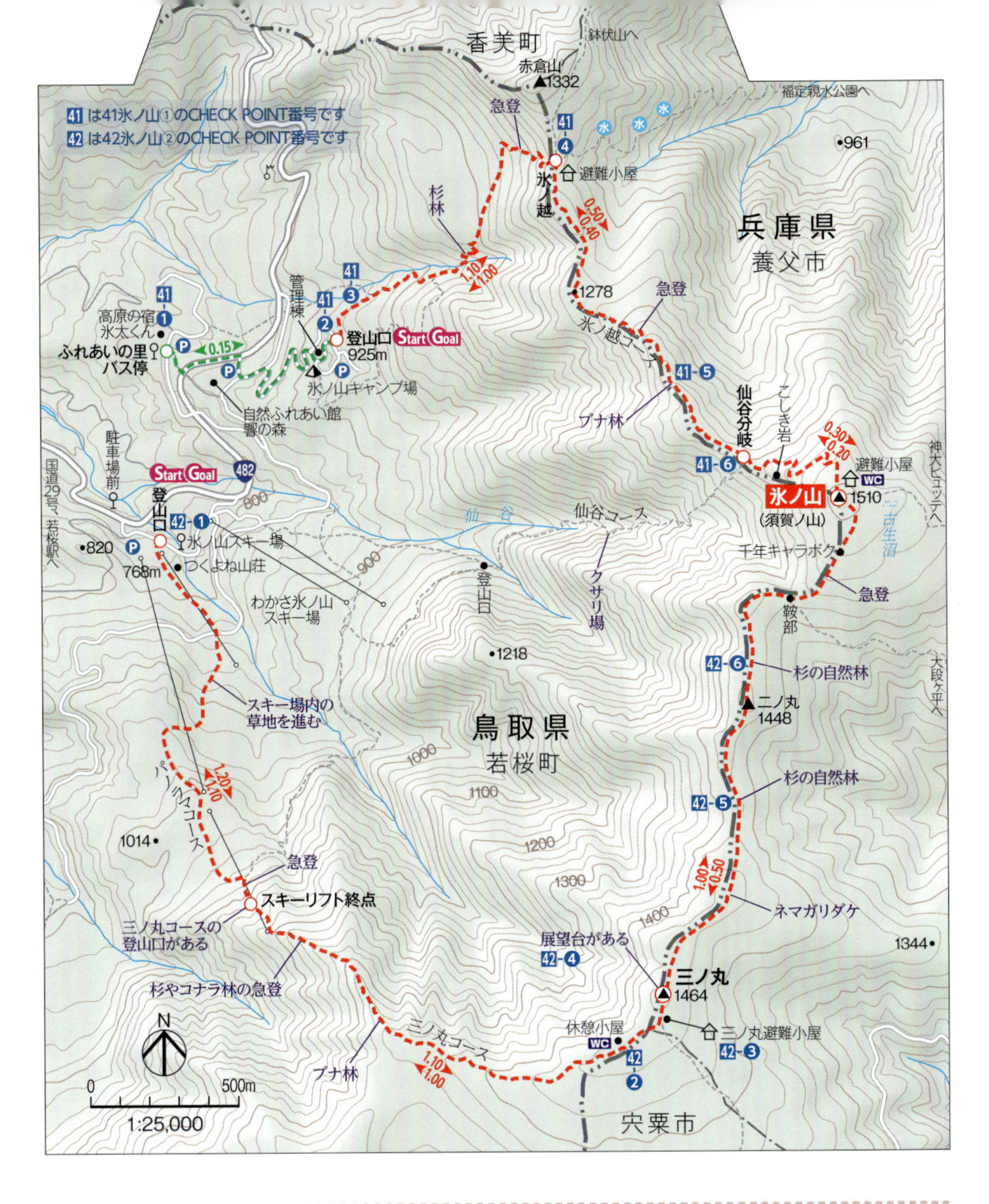

わかさ氷ノ山キャンプ場。バンガローや炊事棟、オートサイト、管理棟など設備が充実

11月上旬。

■アドバイス

▽天空のリゾート氷ノ山（☎0858・82・1111）は、氷ノ山の中腹につくられたプレイゾーン。宿泊施設「高原の宿氷太くん」（通年）、ジオラマでブナ林を再現した自然ふれあい館「響の森」（入館無料）、キャンプ場（利用期間4月下旬～10月末）などがあり、登山基地として利用できる。

▽氷ノ山一帯はツキノワグマの生息地でもある。登山道、キャンプ場等に、ごみを出さないよう配慮が必要。

■問合せ先

若桜町にぎわい創出課☎0858・82・2211、若桜町観光協会☎0858・82・2237、若桜鉄道☎0858・82・0919、若桜町営バス☎0858・82・5500

■2万5000分ノ1地形図

氷ノ山・若桜

42

氷ノ山スキー場から雄大な尾根をたどり天然杉を訪ねる

氷ノ山② 三ノ丸コース

ひょうのせん さんのまるこーす
1510m

日帰り

歩行時間＝6時間30分
歩行距離＝10・8㎞

技術度
体力度

コース定数 ＝25	
標高差 ＝742m	
累積標高差	↗ 942m ↘ 942m

山頂近くの「千年キャラボク」。四方に広がる幹の太さは圧巻

兵庫県宍粟（しそう）市の名山のひとつ・三ノ丸山頂

氷ノ山は、今からおよそ200万年前の火山で形成された山とされる。山頂周辺に広がるなだらかな溶岩台地には、チシマザザやネマガリダケが茂り、尾根の一部に天然杉の自然林が確認できる。その雄大な尾根歩きを求め、訪れる登山者も多い。ここでは、氷ノ山三ノ丸コース（別称・須賀ノ山コース）とよばれる南回りの氷ノ山縦走コースを紹介しよう。

氷ノ山スキー場バス停が起点となる。まず氷ロマンスコース経由で、チャレンジコースリフトに沿って草付き斜面をリフト最上部まで上がる。**スキーリフトの終点**脇に三ノ丸コース（須賀ノ山コース）の登山口がある。道標もあり、わかりやすい。

道標にしたがい、林間道に入る。杉、コナラ等が混在する急斜面を登っていくと、やがて周囲はブナ林に変わる。ブナの自然林を見ながら登りきると、尾根道に出る。チシマザサの茂るゆるやかな尾根道を進むと、木組みの休憩小屋（トイレ付き）があり、さらに登ると三ノ丸避難小屋に着く。

避難小屋をあとに尾根道をたどると、**三ノ丸**山頂に着く。標高1464メートルの三ノ丸山頂には、三の丸展望台がある。木組みの展望台からは、360度のパノラマが満喫できる。

三ノ丸をあとにして、尾根道を下る。尾根の途中には、天然杉の大木が数本残る杉林が2箇所ほどある。ぬかるみのある杉林を抜けて尾根道を下りきると、鞍部に着く。尾根の鞍部には、兵庫県側からの道の分岐点がある。分岐には道標もあり、わかりやすい。

鞍部からは、さらに山頂に向かう尾根道の登りとなる。途中にはキャラボクの古木（千年キャラボク）などがあり、古木を見ながら登りきると、やがて**氷ノ山**の山頂にたどり着く。

下山は往路を戻る。

■鉄道・バス
往路・復路＝若桜鉄道若桜駅から若桜町営バス氷ノ山自然ふれあいの里行きで氷ノ山スキー場へ。

杉の古木を見て縦走路を進む

氷ノ山山頂の方位盤。360度の大展望が楽しめる

CHECK POINT

1 氷ノ山スキー場内の樹氷ロマンスコースリフト乗り場付近から、草付き斜面を登りはじめる。入口には道標や案内板もある

2 三ノ丸の山頂が近付いてくると、まずは簡易トイレ付きの休憩小屋が建っている

3 三ノ丸避難小屋。収容人数は5人程度。水場はないので注意

4 三ノ丸展望台。氷ノ山山頂をはじめ、歩いてきた縦走路など360度のパノラマが広がっている

5 縦走路で見る天然杉の風景。なだらかな溶岩台地で見る杉林は貴重で、登山者をなごませる

6 苔むした杉の古木が数本ある中を進み、氷ノ山山頂を目指す

■マイカー
鳥取市内から国道29号を南下し、若桜町へ向かう。若桜地内から国道482号に入り、道なりにわかさ氷ノ山スキー場へ。パノラマコース・スキー場内の駐車場を借り受ける。

■登山適期
5月下旬～11月下旬。三ノ丸コースは尾根伝いの縦走登山でもあり、行動時間には余裕をもたせたい。とくに晩秋の季節は、日没時間を考慮する必要がある。

■アドバイス
▽氷ノ山はかつては「須賀ノ山」とよばれ、昭和10年に現在の山名に改名された。氷ノ山の由来については、天照大神にちなんだ「日枝（ひのえ）の山」伝説などがある。
▽氷ノ山山麓は、ツキノワグマの生息地として知られる。
▽宿泊は、天空のリゾート氷ノ山（☎0858・82・1111）内にキャンプ場や宿泊施設の「高原の宿氷太くん」がある（121ﾍﾟｰ・「氷ノ山①」参照）。

■問合せ先
若桜町にぎわい創出課☎0858・82・2211、若桜町観光協会☎0858・82・2237、若桜鉄道☎0858・82・0919、若桜町営バス☎0858・82・5500

■2万5000分ノ1地形図
氷ノ山・若桜

＊コース図は123ﾍﾟｰを参照。

43

日帰り

鶴尾山

つるのおやま
446m

若むした城壁が当時をしのばせる中世の城跡散歩

歩行時間＝1時間49分
歩行距離＝2・8km

技術度
体力度

コース定数	＝7
標高差	＝236m
累積標高差	↗276m ↘276m

八幡広場からの鶴尾山。山頂にはかつての因幡三名城のひとつ・鬼ヶ城の城跡がある

若桜町に位置する鶴尾山は、中世から近世にかけて城が築かれていたことで知られ、別名・鬼ヶ城、または若桜鬼ヶ城とよばれ親しまれる。築城は室町時代、正治2（1200）年、矢部氏によるとされる。城主がたびたび交代しながら約400年続いたが、江戸初期の元和3（1617）年に廃城された。山の中腹から山頂にかけては、時代ごとに築かれた城の遺構が残っている。

登山口のある若桜は、かつては城下町として、また若桜宿として栄え、今も時代をしのばせる町屋が残る。また、近年、城跡が国の史跡指定を受けたのを機に、登山道が整備され、登山、観光を兼ねて訪れるハイカーも増えている。

ここでは、若桜鉄道若桜駅を起点とする往復コースを紹介しよう。**若桜駅**から道なりに八幡広場運動公園へ向かう。**登山口**は運動公園広場脇にある。道標もあり、わかりやすい。

登山口から雑木林の斜面を登る。尾根状の登山道を登りきると、**分岐点**に着く。この分岐点は、左手の体育館からの道との合流点でもある。ここでは道標にしたがい、山頂を目指す。

雑木林の林間道を登っていく。道は花崗岩の風化した砂利石のような、急傾斜の登りとなる。随所に横木渡しの階段道も設置されているが、山頂近くでは、相当に荒れた箇所もある。慎重に登っていくと、やがて**鶴尾山**山頂の城跡に

山頂の石組み風景。4百年前に取り壊されたままの状況で意図的に保存されている

■鉄道・バス
往路・復路＝若桜鉄道若桜駅。

■マイカー
鳥取市内から国道29号を南下し、若桜地内から道なりに八幡広場へ。八幡広場の駐車場を借り受ける。

■登山適期
4月下旬～12月上旬。

■アドバイス
▽**若桜宿**　若桜は中世からは城下町として、江戸時代は因幡と但馬を結ぶ若桜街道、伊勢街道の宿場町とし

たどり着く。

山頂は、数段からなる段階状の地形で、崩れ落ちた石垣がそのまま残る。その石垣の最先端部に、天主跡と三角点がある。大きな石が点在する荒々しい雰囲気で整備された跡はないが、これは、「その時代、人為的に破壊された石組みを残すことに文化的価値がある」とする自然保存形式が踏襲されていることによる。

山城跡でしばしの時間をすごしたら、往路を引き返す。

小高い円形広場状の山頂の天主跡周辺

て栄え、発展してきた。古きよき時代をしのばせる建築物も多く、代表的なものに、蔵通りやカリヤ（仮屋）通りなどがある。

若桜駅前の商店街。家並みの先に目指す鶴尾山が見える

▽鶴尾山の山頂周辺には害獣防止柵が張りめぐらされている。石垣に沿って回りこむと出入口がある。

■問合せ先

若桜町にぎわい創出課☎0858・82・2211、若桜町観光協会☎0858・82・2237、若桜町観光案内所☎0858・82・5500、若桜鉄道☎0858・82・0919

■2万5000分ノ1地形図

若桜

CHECK POINT

1 若桜町の玄関口でもある若桜鉄道若桜駅。駅周辺には、貸し自転車や観光案内所などがある

2 若桜駅から約10分、八幡広場への入口に立つ登山案内板

3 八幡広場脇にある登山口。八幡広場内に位置する芝生広場を目印にするとわかりやすい

4 横木渡しの階段道を、急がず慎重に登る。登山道は花崗岩の風化が著しく、足もとが軟らかいのが特徴

5 天主跡の三角点。三角点は必ずしも頂の頂点とは限らない。ここでは、頂の片隅に設置されている

著者近影（三徳山にて）

●著者紹介

藤原道弘（ふじはら・みちひろ）

鳥取県生まれ。戦後の団塊世代。20歳の頃から大山登山に親しむ。登山とともに写真に傾倒し、モノクロ写真をはじめる。山岳雑誌『山と溪谷』の月例写真コンテストが縁となり、日帰り登山ガイド（ワンデイハイク）を長く執筆し、山陰地方の山々をモノクロ写真で広く紹介してきた。モノクロ写真は自家現像している。

『中国百名山』（共著）、新・分県登山ガイド『鳥取県の山』（ともに山と溪谷社）のほか、カラー写真集『伯耆大山の四季』（今井出版）を自費出版する。

現在も写真人生（半世紀以上）は変わらず、フィルムとデジタルを使い分けながら、地域の山々を撮り歩いている。

分県登山ガイド30

鳥取県の山

2018年 11月 1日 初版第1刷発行

著　者 —— **藤原道弘**
発行人 —— **川崎深雪**
発行所 —— 株式会社 **山と溪谷社**
〒101-0051
東京都千代田区神田神保町１丁目105番地

■乱丁・落丁のお問合せ先
山と溪谷社自動応答サービス　TEL03-6837-5018
受付時間／10:00-12:00、13:00-17:30（土日、祝祭日を除く）

■内容に関するお問合せ先
山と溪谷社　TEL03-6744-1900（代表）

■書店・取次様からのお問合せ先
山と溪谷社受注センター
TEL03-6744-1919　FAX03-6744-1927
http://www.yamakei.co.jp/

印刷所 —— **大日本印刷株式会社**
製本所 —— **株式会社明光社**

ISBN978-4-635-02060-2

●乱丁、落丁などの不良品は送料小社負担でお取り替えいたします。
●定価はカバーに表示してあります。

●編集
吉田祐介
●編集協力
後藤厚子
●ブック・カバーデザイン
I.D.G.
● DTP
株式会社 千秋社（細井智喜）
● MAP
株式会社 千秋社（小島三奈）

■本書に掲載した地図は、国土地理院長の承認を得て、同院発行の数値地図（国土基本情報）電子国土基本図（地図情報）、数値地図（国土基本情報）電子国土基本図（地名情報）、数値地図（国土基本情報）基盤地図情報（数値標高モデル）及び数値地図（国土基本情報20万）を使用したものです。（承認番号　平30情使、第596号）
■各紹介コースの「コース定数」および「体力度のランク」については、鹿屋体育大学教授・山本正嘉さんの指導とアドバイスに基づいて算出したものです。
■本書に掲載した歩行距離、累積標高差の計算には、DAN杉本さん作製の「カシミール3D」を利用させていただきました。